新商界

上海交通大学出版社
SHANGHAI JIAO TONG UNIVERSITY PRESS

内容提要

掌握新的商业趋势对企业来说至关重要，它能帮助企业迅速捕捉商业机会，创造商业价值，引领商业潮流。本书以新商界为主题，探讨了商界发展的新趋势，重头文章提出了未来商业发展的三大趋势：重塑生命、异想经济、不安年代，每个趋势分三层来分析，首先通过一个小故事为读者描绘未来图景，然后分析哪些趋势支持这些图景，最后分析对企业的机遇与挑战。此外，本书还涵盖数字化、物联网、企业战略运营等文章，行业部分则有物流、零售、能源、通信等洞察文章。

本书可供企业管理者参考、阅读。

图书在版编目（CIP）数据

新商界／埃森哲中国编. —— 上海：上海交通大学出版社，2017
ISBN 978-7-313-18311-8

I.①新… II.①埃… III.①贸易经济-研究-世界 IV.①F7

中国版本图书馆CIP数据核字（2017）第262731号

新商界

编　　写：埃森哲中国
出版发行：上海交通大学出版社　　地　　址：上海市番禺路951号
邮政编码：200030　　电　　话：021-64071208
出 版 人：谈毅
印　　制：常熟市文化印刷有限公司　　经　　销：全国新华书店
开　　本：787mm×1092mm 1/16　　印　　张：8.75
字　　数：185千字
版　　次：2017年12月第1版　　印　　次：2017年12月第1次印刷
书　　号：ISBN 978-7-313-18311-8/F
定　　价：50.00元

2022，谋定而后动

翻开一部人类商业史，我们发现，不论时代如何变迁，商业和技术犹如一对孪生兄弟，彼此促进、交替发展。两者共同推动着创新，进而改变了我们的工作和生活方式。

而今，随着 SMAC（社交、移动、分析、云）、人工智能、量子计算、5G 通信架构等技术创新，更多突破性技术不断引入产业价值链中，企业急需建立面向未来的商业与技术能力。

一方面，技术的飞速发展不但创造出新的商业模式，也将运营效率提升到新的高度。比如，中国大都市随处可见的共享单车，给交通出行和自行车产业都带来了巨大冲击；得益于数字化建模和分析，中国首架自产大型客机的研发时间缩短达 50% 以上；而中国的“双 11”，已成为全球首屈一指的购物盛宴。

另一方面，商业畅想也在不断激发技术创新，为后者带来不竭动能。以人为本、技术为先的理念，推动着商业边界不断拓展。

回想 5 年前，我们尚无法预见到这一切；展望 5 年后，我们势必会再度震撼于诸多商业创新。2022 年，当中国为世界呈现一届充满智能元素的冬奥会时，人们有望享受到愈加美好的生活以及更具可持续性的经济发展。

本期《展望》的主题——新商界，采用情景化模式展示了一系列商业与技术主题。透过人性化、全球化的视角，我们放眼 2022，帮助您高瞻远瞩，制定睿智的商业决策。

封面文章《商业未来畅想曲》凝聚了埃森哲研究部门最新力作——《商业未来》报告的精华。该报告从人口与社会、经济、地缘政治、环境、组织、技术这 6 大领域，筛选出 100 多项重要的全球趋势。这些趋势将在中长期对各行各业产生重大影响。

然后，基于这些趋势的相互碰撞和组合，我们初步展现出三大商业未来场景。每个未来场景都由一个发生在 2022 年的故事引出。虽然这些故事均为虚构，但却完全根植于现实。

相信，您一定会被这些情理兼备的精彩内容所吸引，从而对未来 5 年的商业愿景展开反思。

此外，本期《展望》还对国内日化行业龙头企业——立白集团的数字化转型之路进行了深入访谈。如今，进行数字转型、提升数字能力，已经成为众多企业家的共识，但知易行难，立白集团从数字化营销与变革管理入手，同时面向全国的经销商和消费者打造以价值为基础的用户体验。相信该企业的商业实践会给您带来启发。

对于商业领袖而言，迎接未来的最佳方式是把握未来。埃森哲愿与客户并肩前行、引领潮流，共同应新于时！我们期待与您在 2018 年的《展望》中再度聚首。

埃森哲全球副总裁、大中华区主席

庄泉娘

爱车
自造
M LP 1290

目录

目录

在许多人看来，变革管理过程总是混乱无序的，是时候颠覆这一观点了。

颠覆变革

兰迪·旺德玛卡（Randy Wandmacher）| 文

毫无疑问，变革有可能干扰原有业务结构。不过，那是因为领导者一直采用错误的假设和过时的思维模式管理变革。现在，是时候改变一下思路了。

目前，丰富的数据和强大的分析能力让借助新型量化手段开展组织变革管理成为可能。通过这类方法，领导者可使用预测性模式管理变革，更巧妙地绕过危险陷阱。企业领导和管理者不必再依靠商业直觉和管理人员判断等主观方式把握变革，而是将其决策建立在数据之上——即来自成千上万个变革者的经验——从中准确知晓过往变革中哪些是有效的，哪些无效。

利用这些以数据为中心、洞察驱动的新方法，企业可更好地理解并管理人员问题，避免变革管理中的陷阱。

我们研究发现，变革失败一般与组织软件，而非组织硬件有关。“软件”问题包括管理不善、员工不满意以及对公司愿景的认可度不够。过去，这类问题很难得到评估和解决。如今，成熟的量化手段给我们带来了福音。

破除变革误区

过去 15 年，我们研究了 150 多个组织中的 250 项重大变革举措，包括几十家全球财富 500 强企业，并向85万多人收集了数据，涵盖一线员工到各级领导层。这些数据凝聚了变革管理者积累的智慧，打破了人们对组织变革的许多误区。

误区 1：过多、过快的变革具有破坏性。错！根据我们的数据，高绩效组织正是在变革的基础上繁荣发展的。与绩效较低的同业相比，高绩效组织实施的变革更多（高出30%~50%），速度更快。它们能够强有力地推动持续变革，并从变革中获取更为丰厚的收益。

误区 2：变革会使组织脱离正轨。许多高管并未真正理解企业为什么会在变革中衰退。当我们审视那些在变革项目中脱轨的企业时发现，其中 85% 的企业，在实施变革举措前已经存在严重问题。

换句话说，“变革造成员工和组织脱轨”这一广为流传的假设是不正确的。人们也许会归咎于变革举措中的问题，但我们的研究显示，文化和行为上的弊病——例如管理不善，或者各部门“各自为政”——往往在变革前就已存在。变革项目会暴露组织中的积弊，随之导致组织脱轨。例如，如果组织各层面充分信任和信赖领导层，变革就不会偏离轨道。一句话，变革并没有造成组织弊病，变革只是暴露了弊病。

误区 3：在变革早期，企业绩效会下降。许多描述变革各阶段的传统模型认为，由于开始实施变革举措时，需要克服员工的惰性和抗拒心理，组织绩效一般会先降后升。我们的结果却与此相悖。高绩效企业在实施变革举措时，企业绩效——特别是成本管理、客户服务水平以及效益——自始至终都在上升。

误区 4：员工要先理解变革，然后才会支持。“支持曲线”是众多传统变革管理战略的一部分。根据“支持曲线”，员工必须首先理解变革的意义，然后才会接受或支持变革。但我们的研究显示，虽然这一曲线适用于低绩效企业，但在高绩效企业中恰恰相

反，尤其是在变革初期。

在高绩效企业中，员工对领导层非常信任，以至于他们即使还不清楚最终的目的地，但还是愿意支持变革。他们首先在情感上表示支持，并在前行的过程中找到变革的意义所在。如果组织领导颇受信任，领导可首先落实并加快变革项目，不必一开始就向员工传达变革项目的细枝末节。能否做到这一点对变革成败和获得可量化收益至关重要。

汲取变革智慧

许多组织曾实施特定的变革举措，并作为人力资本战略的一部分，以便在实施变革前先为员工赋予“变革智慧”。虽然这类工作一般都出于好意，但却常常遭到误解，对组织希望取得的成果南辕北辙。

赋予“变革智慧”不一定意味着采用常规的标准解决方案，比如增加沟通，增加员工培训，提高团队领导力，改善问责。在许多组织的变革日程中，这些可能是最受欢迎的选项，但却不是推动变革成功的关键要素。

我们的研究显示，在提升业务绩效方面，最关键的推动力是强大的业务领导力、良好的体系和流程、清晰的愿景和方向以及高度的激情和动力。良好管理这些要素，能大幅提高变革成功概率。

这里的挑战在于，许多重要的影响要素（比如领导力和员工情感）是无形的，难以量化。这也从一定程度上解释了为什么许多组织将着力点放在沟通和员工培训等更加有形的方面，因为这些方面相对而言容易衡量和管理。但是，在未来，成熟分析工具和新型数字化手段将帮助组织跨越这道鸿沟。

例如，对书面调查反馈、工作坊评论、社交媒体发帖以及其他来源信息进行自动化文本分析，就能帮助管理者了解员工的心理状态。依靠这些洞见，管理者可采取具体、有效的行动，在恰当的时候将资源用于真正需要的领域。

培养变革文化

企业最终的目标是在组织中持续构建变革能力，让员工能以良好的状态长期获取和维持高绩效。遗憾的是，我们的数据表明，只有 10% 的企业拥有此种变革能力。

培养这种变革文化与运动员进行赛前训练类似。以正确的方式进行训练——例如专注于特定的肌肉群以提升力量和灵活性——将提高运动员的身体机能，使其能够承受更大的强度，同时又保持运动水平不下降。正如世界级运动员依靠先进的数字技术和分析工具开展训练一样，组织也应该运用成熟的分析工具改良其变革管理。

未来，这些先进的手段将成为组织运营的一部分。那种逐一落实“昂贵”而分散的变革项目的时代已经过去。能够适应变革是对企业的基本要求，为此，企业最好能利用精确的变革分析工具引导自身工作并培养变革管理能力。否则，就可能陷入不变等死、变革找死的尴尬境地。

作者简介

兰迪·旺德玛卡

埃森哲人力资源部门董事总经理
常驻底特律
randall.r.wandmacher@accenture.com

立白集团数字化转型之路：认准目标 始终不渝

——专访立白集团董事、联席 CEO 陈泽滨和 CSO 冯叶青

鲁志娟 | 访

陈泽滨

冯叶青

作为国内日化产业的龙头企业，立白这个名字几乎家喻户晓。但二十多年前，立白还是广东地区一家名不见经传的小企业。从最初做洗衣粉销售起家，到如今在洗涤用品、口腔护理、化妆品、洗发水、家居清洁等大日化产品线上处处开花，再到未来布局大健康产业。这么多年立白集团成功背后的原因是什么？面对风起云涌的市场竞争和层出不穷的技术颠覆，立白集团与时俱进，踏上数字化转型之旅，期间经历了哪些困难，又是如何克服的？

带着这些问题，本期《展望》采访了立白集团董事、联席CEO陈泽滨和CSO冯叶青。二位受访者由近及远、由表及里，分享了立白的数字化转型实践以及未来的企业战略，为我们展现出一个不一样的民族品牌。以下是精彩访谈内容节选。

数字化转型：从营销3.0到立白3.0

《展望》：在独立电商巨头盛行的今天，立白为什么要搭建自己的电商平台，有什么战略意义？

陈泽滨： 其实我们并没有把电商平台仅仅视为一个销售渠道，而是整体数字化战略的有机组成部分。立白所处的日化行业数字化水平非常高，从终端消费者到经销商，再到企业自身的业务管理，都离不开数字化，所以数字化战略一直就是我们战略布局的一部分。

各个企业都在做数字化，只是每个企业的连接点和战略组合形式可能会不一样。立白集团所选的数字化模式，是从营销入手。

冯叶青： 的确。在思考这个问题之前，我们先要回答另外一个问题，那就是在整个商业模式中，谁最能给我们贡献价值？答案是消费者。而搭建电商平台是了解消费者、与消费者沟通最直接、最有价值的渠道，基于对消费者的深刻理解和洞察，我们可以推进很多事情，比如新产品研发。所以电商不仅仅是一个售卖点这么简单。

过去中国太多的传统企业只注重生产，而忘了消费者、品牌这个方向。而时刻关注消费体验，始终跟消费者保持互动，是立白集团一直在身体力行的事情。

电商平台或者说数字渠道提供了更量化、更精确的数据。如何把通过数据洞悉的消费者行为、消费者习惯，与企业决策、企业战略结合起来，是这个时代的新命题。

《展望》：在跟消费者互动方面，营销3.0这个数字化渠道能给立白的品牌还有营收带来哪些价值？

冯叶青：其实这个价值非常大，原来我们说品牌等于产品功能和质量表现，或者等于品牌传递的情感要素。在未来，除了这些之外，更重要的一点是与消费者互动，甚至互动会成为品牌一个极其核心的要素，是品牌价值的实现，即从价格营销转向价值营销。

互动的形式非常多，包括电商、微信互动、会员积分互动，未来还会有更多形式，比如 AI 是不是也是一种互动形式？所以我们需要为此准备接口，进而为未来更丰富的互动构建基础。

《展望》：在营销 3.0 阶段，立白也搭建起“吸、养、买、卖”的消费者业务，立白对这部分业务的定位是什么？

冯叶青：我们无非是想把跟消费者的触点变得更多、更全面，“吸、养、买、卖”只是整个过程中的一个维度，所以整个营销 3.0 体系最重要的就是开放兼容，甚至让别人的体系也能成为我们的触点，触达到各个消费者的各个状态，这是营销 3.0 一个很重要的目标。

《展望》：先把渠道建立起来，未来可以有无限扩展的可能性。

陈泽滨：对，我们要的是通道，各种各样的通道，渠道的通道，网点的通道，以及跟消费者的通道，这个就是我们提出的全渠道、全品类、全方位，最终我们想做的是全体验。

《展望》：现在已经实现哪个阶段了？

冯叶青：我们已经成功地踏稳了第一步，第一个管道平台有了，打个比喻，就像要把水从河底引到消费者家里，现在我们终于有一个水厂了，然后我们要把水泵铺到各个小区，让每个家庭有龙头、管道，实现全联通。营销 3.0 让我们踏出了第一步，这来自无数人的努力。

《展望》：关于立白的数字化转型，有一张图很形象，它是几个齿轮搭在一起，中间的齿轮就是营销 3.0，旁边的齿轮分别是产品、品牌、生产制造，甚至供应链、人才、绩效、财务，可以看出是由外往内，逐层推进数字化。那么，立白下一步会在哪个业务条线做数字化转型？未来整个企业的数字化战略是什么？

陈泽滨：其实营销 3.0 项目，一开始就是立足整个立白集团在思考的，所以也可以称之为立白集团的 3.0 项目。只是目前的落脚点先落在了业务口，因为整个企业的运转，很多都是业务先行，业务的改变自然会带来整个企业相关板块的改变，所以我们的切入点是业务板块，之后必然会推动其他板块的数字化进程。

从齿轮的观念来讲，现在每个齿轮其实都已经有一些相应的发展变化，它搭建完之后是可以往外去延展的，甚至与其他平台之间的一些串联等等。先把自己内部平台打造好，外部会更加顺利。

变革管理：立白的“变与不变”

《展望》：埃森哲曾经对企业变革进行过调研，结果发现企业变革过程中普遍存在三大盲区：决策盲区、执行盲区和组织盲区。请从这三方面，分享一下立白变革过程中的阻力以及如何克服这些阻力的？

冯叶青：先讲执行问题。首先，立白集团执行力非常强，而且我们拥有一套非常灵活完整的体系，能让所有人形成合力，所以变革管理的关键问题就在于如何解决人的心理因素，让他从抵制转成欢迎。我们的动作其实很简单，就两个动作，一是让大家认识到变革是必需的，谁不做就会被这个社会淘汰。

第二是用“推拉结合”的方式让所有人聚拢到一个方向，形成一个合力。所谓拉力就是利益趋同，我们尽量创造各种各样的利益要素让人们到我们想要的方向上去。推力就是帮助他们去走，而且设置标准，实在走不了的就只能淘汰。

第二个是组织盲区，组织盲区始终存在，因为要实现立白数字化3.0蓝图，可以说很难找到一个全能的人才，我们可以从市场上找到非常懂数字化的人，但是他对我们企业品牌和传统操作规程并不熟悉。所以我们更立足于对内部人才的培养。员工只要愿意去成长，愿意提升的，我们会有更多的机会给到他。对于管理者而言，关键是要清楚哪些能力是我们未来要的，哪些是今天需要的；知道内部人才和外部人才各自的短板是什么，然后有的放矢地去弥补和培养。

最后谈一下决策盲区。坦白地说，企业进行变革时的确要付出一些代价，比如如何平衡短期和长期利益的问题。在这方面，管理层能否坚定不移地推行变革非常重要。对传统企业而言，找出适合自己的数字化转型之路非常不易，如何让现有业务和未来的数字化业务协调一致，这点非常考验顶层管理者的智慧。

陈泽滨：其实在制定立白3.0战略伊始，我们就预想到在执行和组织方面会有相当大的阻力。我们对困难有着充分的认识，所以在变革过程中遇到问题并不会感到突然。第二点，企业的数字化转型，大

位于广州市的立白企业集团总部－立白大厦正面照（图片由立白集团提供）

家都是在摸索，市面上即使有一些有成功案例，也并不一定适合自身企业。所以，我们要在进行数字化变革的过程中，把握好“变”与“不变”两个关键。首先有一个明确的战略，这点是一旦确立就不要随便改变的；但策略层面，我们在执行过程中会不断地调整，以便更好地实现那个大目标。

其实，从我们企业而言，无论是股东、董事会还是企业的核心管理层，大家已经就数字化转型形成了高度一致，这点非常关键，这给我们在执行过程中提供了很大助力。如果在这个过程中有任何一个环节，或者任何一个领导不认同或者阻挠的话，都会给执行带来很大阻碍，即使我们为此做一些妥协和调整，其效果也会大打折扣。

欣慰的是，在立白集团有一个很强的向心力，大家都朝着共创未来这个方向一起去努力，其实，这也得益于两位创始人二十多年来对企业文化的打造，即“一家亲”的企业文化，这样一个企业文化会让大家觉得这是整个企业的事情，是大家的事情，从而会齐心协力、共同朝这个方向努力。

《展望》：刚才你在介绍变革管理，说了一个很形象的词——推拉，具体对象是谁？

冯叶青：其实我们拉的第一个对象并不是销售团队，而是经销商，所以我们在做设计时就在考虑如何根据经销商的根本利益进行重组。第二是在落地过程中能够首先体现出给经销商带来的便利和利润增长，这样他们就不会排斥数字化变革。基于这样的思考，在节奏方面，我们先把一些能让经销商马上看到效果的工作做起来，把一些平台化的工作往后放。这是我们整个策略当中很重要的一环。我们始终认为落地是变革管理的核心。而经销商的认同对于战略落地非常关键。

推力的重点在销售人员身上。除了考核之外，其实我们更加关注沟通管理工具和利用其所形成的整体赛马环境。另外，在推拉之外，还要多做一件事情——构建一个自动化机制，比如门户平台。

《展望》：回到变革管理，从营销 3.0 项目的阶段性成功上，可以看到立白变革管理的效果，有哪些因素促成了变革管理的有效推进？

冯叶青：首先，立白集团成立至今有一个非常朴素的生态链思维，它愿意跟生态链中的各个合作方去共享利益，包括销售人员、经销商，这个思维至今一直存在。

第二，一家亲的企业文化，就像一个大家长带着一家人去走，再怎么痛苦大家都是相信这个家长的，所以这种信任和威信在整个变革管理过程中非常重要，因为他确保了一流的执行力。

第三个要素，数字化变革战略是经过领导层长期思考后、由内而外产生的，不是从外部临时起意得到的想法。因此请埃哲森来做这个项目的咨询也是水到渠成的事情。大家有充分的心理准备来面对可能遇到的问题，也有充分的行动来保证计划落地。

《展望》：立白集团成立至今二十多年，既面临过外部颠覆，也有过一些外部诱惑。在这过程中，有哪些是变和不变的？企业的核心价值观是什么？

陈泽滨：在一些原则上我们是一直坚定不移的，比如说董事长白手起家时提出的民族情怀依然存在，体现在“百年立白，民族日化”这句企业发展理念上。

第二个就是立白的价值主张——健康幸福每一家，这么多年我们的行动始终围绕这个事情，与之相悖的动议从来没有被批准过。还比如环境友好的理念，对质量的坚持等等，这些我们肯定还是会继续保持不变的。

变的方面，立白集团在二十多年的发展过程中其实也有很多变化，这些变化是基于整个业态的发展进行的，比如组织形式上，我们会基于发展的需求不断做出调整。另外包括这次营销 3.0 的数字化变革，也是企业不断创新、与时俱进的体现。

战略布局：想得透落地实

《展望》：接下来谈一下企业战略，现在立白也在跨界，比如在广州国际医药港投资超过 200 亿元，布局大健康领域，请介绍一下未来立白的战略布局？

陈泽滨：在战略布局上面，跟你们在外界了解的是一样的，其实整个布局跟刚刚讲的企业文化一脉相承，就是不变的那一块。在整个布局上，不管是外健康、内健康，其实还是围绕着健康幸福每一家这样一个使命去思考，围绕着健康幸福这两个维度去做布局的。

《展望》：现在平台的概念很热，立白也在搭建数字化平台，未来会不会朝平台型企业的方向去发展？除了销售产品之外，会不会开放一些服务能力？

冯叶青：未来变化很多，我们一直问自己的问题是，当改变来临时，你准备好了没有？就像如果我们不做营销 3.0，未来即使想变成平台企业也变不成。所以平台企业讲到底最重要的是要有平台能力。

通过营销 3.0，公司内部先基于专业分工和平台化分工，打造一个内部平台。当内部平台能力充足了，我们才能转向外部平台。但是我们既不去盲目追求平台化概念，也不会贸然否决这种可能性。

现阶段我们会踏踏实实做好应该做的事情，未来一旦平台化的大趋势势不可挡，我们也具备相应的能力和实力，顺势而为即可。

陈泽滨：其实每个企业本身就是一个平台，只是大小不同而已，互联网时代，又加入了互联网因素，把平台这个概念给放大了。企业本身就是各自不同的平台，所以我们还是先做好自己的事情再对外看。因为这是一个基础能力。

《展望》：立白从创立至今短短二十几年的时间，成长非常快，这其中离不开创始人的经营和魄力。作为第二代掌舵人，请陈先生分享一下，从父辈身上能看到哪些传统企业家的闪光点？

陈泽滨：从我的角度来看，有几个点是特别明显的：首先是低调，踏踏实实先把事做好。这背后也体现着潮汕人吃苦耐劳和艰苦奋斗的精神。第二，认准一个目标之后，会坚定不移地去努力，在具体方法论上会不断调整自我、改进自我，但终极目标会始终不渝地坚持下去。第三是耐心，通俗来讲就是要耐得住寂寞，自己的事情不断去坚持，而不会过多度受其他因素干扰。这些都是董事长平时通过言传身教，时时刻刻给我们传达出来的一些做企业的心得。

冯叶青：我本身是外企出来的，所以经过比较后感触也很多。对立白集团这样的民营企业而言，创始人的特征就是企业的特征，所以立白集团作为一个企业所表现出来的各种特征与董事长本人的特点几乎是吻合的，比如，执行力强，落地目标很明确，另外还有"一家亲"文化，关照各方的利益，先给予等等。

我从外企到民企，最深的一点感受就是立白集团从上到下特别强调落地这两个字，任何的东西，包括新想法、新产品，在切实去推进之前，会有一整套清晰的落地策略，甚至相关的保障措施都很明确，这也是立白集团执行力强的一个很重要原因，因为在立白集团，从上到下都把落地放在行动上，而不是嘴上。

采访手记：

高晓松曾经采访过一位日本茶道大师，问他有没有想过换个职业，大师很惊讶地回答："我才做了25年，为什么要改行？"25年貌似很长，但对于心无旁骛、专注做好一件事情的人而言，还远远不够。

立白集团，作为一家民营日化企业，虽然只有20多年的历史，但从它身上也可以看到这种执著和笃定。不论是在探讨现在的变革管理，还是未来的企业战略，两位受访者都不约而同地谈到了立白集团强大的执行力、明确的目标性。而这背后也折射出创始人自身的特点。

"百年立白，民族日化"并不仅仅是一句口号，而是企业信仰之所在。

作者简介

鲁志娟

埃森哲《展望》杂志执行主编，负责大中华区内容营销
常驻北京
tina.zhijuan.lu@accenture.com

商业未来畅想曲

马克·珀迪（Mark Purdy）、雅典娜·佩普斯（Athena Peppes）
比尔·勒西厄尔（Bill Lesieur）、安愫宁 | 文

请想象一下，您的企业现有运作模式是否足以应对本文描绘的种种未来。如果已知这样的未来终将来临，您从现在开始应当进行哪些改变？

序曲：什么是商业未来？

美联储前主席本·伯南克曾在 2004 年初于华盛顿举行的一次会议中说过：“在过去近 20 年中，经济格局的一大显著特点就是——宏观经济的波动程度大幅下降。”然而，在这一论断提出仅四年后，雷曼兄弟公司便宣告破产。这一美国历史上规模最大的破产案将全世界拖进了金融危机的泥潭，引发了大萧条时期后最为严重的经济衰退。

鲜有人预见到这场危机的来临。但引发衰退的种种因素其实早已存在：金融市场监管的放松，新颖又复杂的金融产品的涌现，持续上涨的房价以及更易获得的家庭贷款。

但是，倘若这些危机到来的征兆如此明显，这场经济灾难又为何震惊了全世界的经济学家、决策者和商业领袖呢？

我们认为，这是一个典型的“见树不见林”的案例。人们往往能够察觉到若干个独立发展的趋势，但是很难想象这些趋势会如何相互碰撞和作用，从而创造出截然不同的经济和商业环境。

能够识别出趋势的存在，并不意味着能够设想这些趋势交汇时可能发生的情况。毕竟，预测未来本来就不是一件容易的事情。在我们与企业高管的交流中，他们反复提到，尽管可用于预测未来的信息数量呈现指数型增长，复杂量化模型的数量也在上升，但是现今战略决策的复杂程度要远胜以往。而且，信息爆炸和模型预测有时还会“帮倒忙”，让正确决策变得更加复杂。

为解决战略决策面临的这个挑战，我们构建了一种全新的方法——商业未来。这一方法将数据分析所得的洞见与虚构故事结合起来，旨在为面向未来的战略决策提供启发。

遵循这一方法，我们为未来三到五年设想了诸多可能的情境。在本文中，我们将展示其中三个“商业未来”。每个未来都由一个发生在 2022 年的故事引出。这些故事虽然是虚构的，但却完全以我们现在所观察到的趋势为基础，体现了如果这些趋势持续交汇碰撞，将会对商业环境产生的影响。我们希望在前瞻趋势识别和文本分析的基础之上，进一步运用创造性思维，帮助企业高管更好地从多个全新的角度来把握趋势，从而走向更辉煌的商业未来。

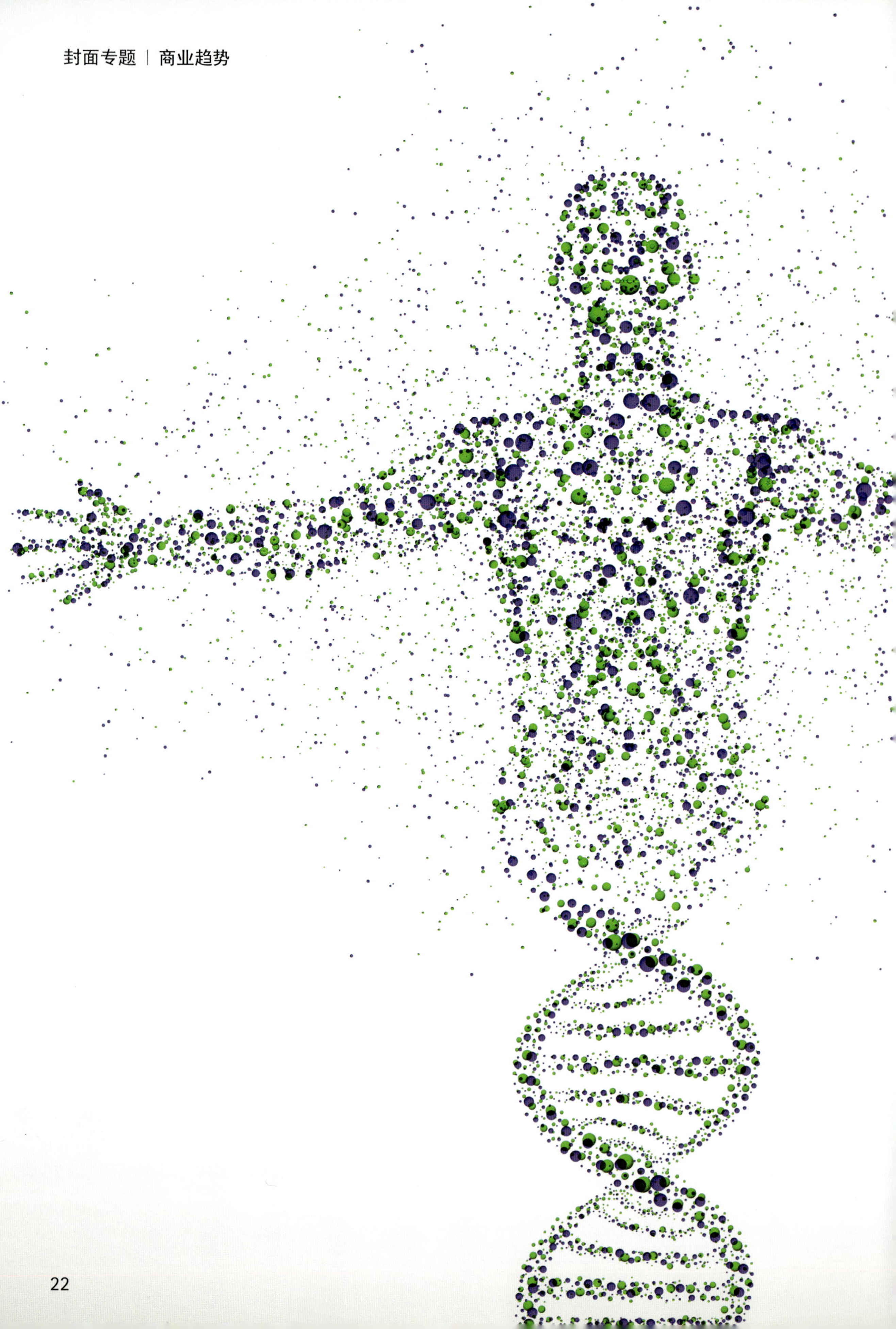

畅想一 重塑生命

各式各样的可穿戴设备和健康应用程序致力于提高人类身体和大脑机能，提升工作绩效；人类寿命不断延长，健康意识不断增强，催生了各种新产品和新服务。生命科学的进步正极大地改善着人们的生活质量，也进一步模糊了个人生活和职业生活的界限，引发了严峻的道德和法律问题。

驱动“重塑生命”的五大趋势

人口老龄化

互联健康产业蓬勃发展

健康数据大爆炸

人工智能投资热

开发人类潜能成为研究焦点

午餐时间，哈佛大学的几个 MBA 学生正在讨论他们的新工作。侯宝准备加入 Taste23，这是一家基于个人 DNA 档案生产个性化营养奶昔的企业。卡维·帕特尔将加入一家顶尖投资公司，开发“代际财富转移产品”。奥托·亚伯准备加入一家叫作“新型社会契约”的公共政策智库，从事研究工作。这家研究机构因为支持用“普遍基本收入”来应对劳动力市场上的技术颠覆而声名大噪。

学生们的聊天主要涉及了两个话题：由新工作反映出的医疗健康行业的快速发展，以及人口老龄化对各行各业乃至整个社会的悄然改变。他们的新雇主愿意提供各种可穿戴设备，声称这些设备能够帮助他们更好地掌控身体健康状况。多数学生对此感到非常兴奋。

然而凯莉·博日萨拉沃夫却是个例外。她问同学们：“你们就不担心雇主会借此机会窥探你们的内心吗？我是说，如果 IT 部门时刻监控着你的脑电图，他们就会知道你是不是很讨厌收到老板的邮件，或者很期待和一个帅哥同事共进午餐。”

卡维·帕特尔耸了耸肩，笑着说：“我要是那么怕泄露隐私，也不会得到这么多工作机会。还有，既然那些工具能帮助我生活得更健康，我为什么要拒绝呢？我很喜欢让虚拟个人助理提醒我去喝水，它还会提醒我按时休息。我的雇主还有一台健康机器人，只要我把病史和基因信息输入进去，它就会为我提供极为准确的个人医疗建议。”

但博日萨拉沃夫并不认同这一观点：“那你离职以后呢？你听说过上周那个程序员自杀的事吗？她辞职后没法加入新的医疗保险，因为保险公司可以从前任雇主那里获得她的所有数据，而没有一家保险公司愿意为她的抑郁症和精神错乱的用药担保。”

奥托·亚伯则认为，在向新模式过渡的过程中，这些问题是不可避免的。他说：“这些都还不算什么。当企业通过神经织网搭建起脑对脑知识网络，如果你不接受，就没法把工作做好。”亚伯断言中国企业将首先接受这些新技术，迫使美国企业不得不跟上中国的脚步。“总之，大家都忘了我们多么快就接受了咨询顾问鼓吹的‘生产效率提升技术’。即便在 2017 年，企业要求员工接受微芯片植入还是当时的大新闻呢。”

上一代人在成长过程中没用过追踪热量摄入和睡眠习惯之类的应用程序和设备，所以对他们而言，在工作场所使用可穿戴设备更像是一场文化冲击。麻省理工学院生产效率和个人隐私学副教授欧艺博·阿比奥顿表示，拒绝新技术的行为正越来越不被认可：“比如，华尔街一些特立独行的交易员仍然拒绝接受对其荷尔蒙水平进行监控。但数据已经非常清楚地显示，激素水平骤升和过度冒险行为之间高度相关，所以大多数人还是愿意把监控作为改进工作绩效的一种方式。”

阿比奥顿指出，检验员工是否适合某项工作并不是什么新鲜事。他指出，长期以来，航空工程师们一直都要接受常规身体检查。“所谓的新泰勒主义革命（即由技术驱动的绩效测量改革，与上世纪 20 年代的变革相类似）带来的改变极大地提升了我们分析员工健康数据的能力，这已经能够对企业的利润产生重要影响。对年长员工来说尤其如此。按照传统，生产效率会随年龄的增长而下降。但现在，企业能够通过多种方式遏制这一下降趋势，比如为员工提供外骨骼机器人设备，或者每天早上对员工进行‘机敏性’测试，并为需要的员工提供个性化益智药(即认知强化药物)。”

人们对工作场所使用可穿戴设备的态度已经在 2020 年美国总统选举期间发生转变。阿比奥顿表示：“两位候选人均已年逾古稀。他们都赞成佩戴脑电图设备等健康监控设备，并将数据公开，目的是向选民证明他们并没有老到不适合当总统。”

即将就职于新型社会契约智库的奥托·亚伯也认为，2020 年的选举把许多与老龄化相关的问题带入了公众视野。他表示，人们过去常常以几个独立阶段来看待生命：学生阶段、工作阶段和退休阶段。但现在，职业生涯的定义已经变得更加灵活。他表示：“现在人们提前退休后，会再兼职工作十年或二十年。严格意义上的退休已经不复存在。在选举期间，人们都在热议这些问题。”

但是，亚伯还把这些问题放到了更广的背景中来审视。他表示，一些像《员工家庭灵活性关怀法案》之类的政策措施虽然赋予了员工请假照看家中老幼的权利，但“只能算是隔靴搔痒”。他认为还有更多的问题需要考虑：“比如城市规划中，要如何设计人们的居住空间，才能解决四五代人住在一起的问题？我们如何才能负担得起养老金、社会保险和医疗保险？”根据可靠预测，全球人口可能将达到 140 亿。“世界能承受这么多人口吗？既然长命百岁与生活方式愈发相关，与基因好坏的关系减弱，那么医疗政策是否该进行调整呢？”

虽然政府对这些问题的态度不一，但是各家企业却已经开始重塑产品和服务来应对长寿社会的现实。凯莉·博日萨拉沃夫即将供职于这样一家公司。她的新雇主名叫 Oldr，致力于帮助老年人安全度日并与外界保持联络。该公司

利用人工智能对视频电话和网上购物等操作进行了简化，而且其应用程序能够监控老人的一切活动，比如老人住所周围的活动和银行账户的交易情况，并在出现异常时向老人的家人发出警报。

对博日萨拉沃夫而言，更好的一点是 Oldr 公司反对在工作场所使用可穿戴设备。她笑着说："这工作对我来说简直太完美了。公司创始人和我一样都对人工智能 - 泰勒主义[1]充满怀疑。我们当然可以追求生产效率的增长，但首先应该确保不会产生负面的影响。当前广泛使用的微型追踪设备到底会不会限制员工的创造力？个性化益智药会不会导致上瘾问题？她很赞同我对个人隐私的重视。这有助于我了解目标市场。"

1 泰勒主义指关注提高效率的一种管理学理论，由费雷德里克·泰勒在 20 世纪初创建。

拉回现实

延长寿命是人类在过去一百年间最大的成就之一。然而，规模庞大的老年人口为医疗和退休方面的财政预算带来了极大的挑战。以美国为例：美国政府在养老金投入以及社会保险和医疗保险资金方面的缺口将分别达到约 7 万亿和 16.6 万亿美元。而在中国，未来 20 年间，养老金的资金缺口可能将达到 11 万亿美元。

同时，一些会导致认知力和体力下降的慢性病将会更加普遍：到 2050 年，老年痴呆症患者人数预计将达到现在的 3 倍。心理疾病呈现年轻化趋势：青少年抑郁症和焦虑症的发病率在过去 25 年间增长了 70%。

技术在解决这类健康问题方面正扮演着日益重要的角色，不仅让人们活得更久，而且活得更有质量。比如，Neuronetics、BrainGate 和 Lumosity 等企业正在研究健脑技术。自动驾驶汽车能够解决老年人出行难的问题。交流机器人等辅助技术在一定程度上能够帮助老年痴呆症患者康复。包括 SENS 研究基金会和谷歌旗下抗衰老公司 Calico 在内的无数研究机构、科技巨头以及初创企业都在致力于从基因、细胞和组织层面研究人类的衰老现象。

同时，在这个智能化时代，遍布于人们衣食住行中的大量传感器正时时刻刻收集着数据。这些海量数据不仅被用于衡量和追踪人们的行为和绩效，也被用于预测、改变或强化人们的行为。

各种可穿戴设备、传感器和健康应用程序能够帮助人们更好地了解自身的健康状况从而选择更健康生活方式。比如，23andMe 和 AncestryDNA 等企业推出了平价基因检测服务，让人们从基因层面来了解自己；ZocDoc 和好大夫等平台则在努力增加医疗服务的可选范围和透明度。

在未来三到五年间，人工智能和量子计算技术将迅速成熟，提高人们分析和利用海量数据的能力。我们也许会看到虚拟人形助手回答病人的问题并帮忙预约医生，也可能会看到用于识别潜在病患的实时分析服务的发展。毫无疑问，科技能够让人类更加长寿，并生活得愈发健康和幸福。

未来挑战

很显然，能够改善体力和脑力的可穿戴设备和应用程序具有提升员工工作绩效的潜力，但也进一步模糊了个人生活和职业生活之间的界限，因此很可能会引发关于道德和隐私的担忧。雇主应该获取员工的哪些数据？他们是不是有权掌握员工去了办公室的哪些地方，或者多久离开座位休息一次？企业应该对员工的个人数据安全负有哪些责任？有高患病风险的员工是不是可能遭受歧视？围绕这类问题的争论很可能会日益增多。

而这种担忧也将延伸至工作场所之外。随着人们寿命的增长，员工因照料老人孩子而承受的身心负担很可能会影响工作和生活间的平衡。对于这样的员工，企业可能需要增加投入，为他们提供一个支持性的工作环境。

寿命延长也挑战着当前的社会契约，不断延迟退休年龄。因此，企业可能需要管理包含更多代人的员工团队。这些员工不仅展现出不同的长处和才能，还可能持有不同的工作态度，导致出现成见、削弱士气并影响工作效率。企业可能需要重新设计员工的职业路径和培训规划，充分利用年长但宝贵的人才。

未来机遇

寿命延长以及健康意识的提高为诸多行业提供了重塑产品和服务的机会。对于科技企业而言，如果它们能够把目前分散保存在各个设备和平台上的健康数据整合起来，无疑将为消费者创造极大的价值。

例如，苹果公司在 2016 年收购了一家个人健康数据平台企业 Gliimpse。Gliimpse 允许美国用户收集、定制和分享自己的健康数据。苹果将这一服务与旗下的 CareKit 开源平台、健康应用、苹果手表和苹果手机结合起来，为消费者创造了端到端的体验。

如果能够解决道德和隐私方面的问题，那么更多企业会选择使用可穿戴设备来提升工作效率和安全性。例如，企业可以使用装有脑电图传感器的可穿戴设备来监控员工的大脑活动，告诉员工哪段时间适合他们集中精力攻克那些最棘手的问题，从而帮助员工更好地管理时间。

今后，企业可以更好地受益于老员工的忠诚和经验，因为科技可以让他们不必担忧工作效率随着年龄增长而下降。埃隆·马斯克投资的 Neuralink 可能会成为一个解决方案。该公司计划在未来五年发布首个“神经织网”，让人脑无须手术就与电脑相连，大幅提升人的智力并最终创建起脑对脑的知识网络。

值得企业思考的问题

- 一味追求效率可能会抑制员工的创造力
- 为员工提供认知强化产品可能会在人才竞争中助企业一臂之力
- 如何使用和保护客户和员工的数据将引发公众讨论
- 一部分人可能会因保险公司的歧视成为“无保者”，进一步加剧社会的不平等程度

211
680
300
521
PRIMARY TARGET

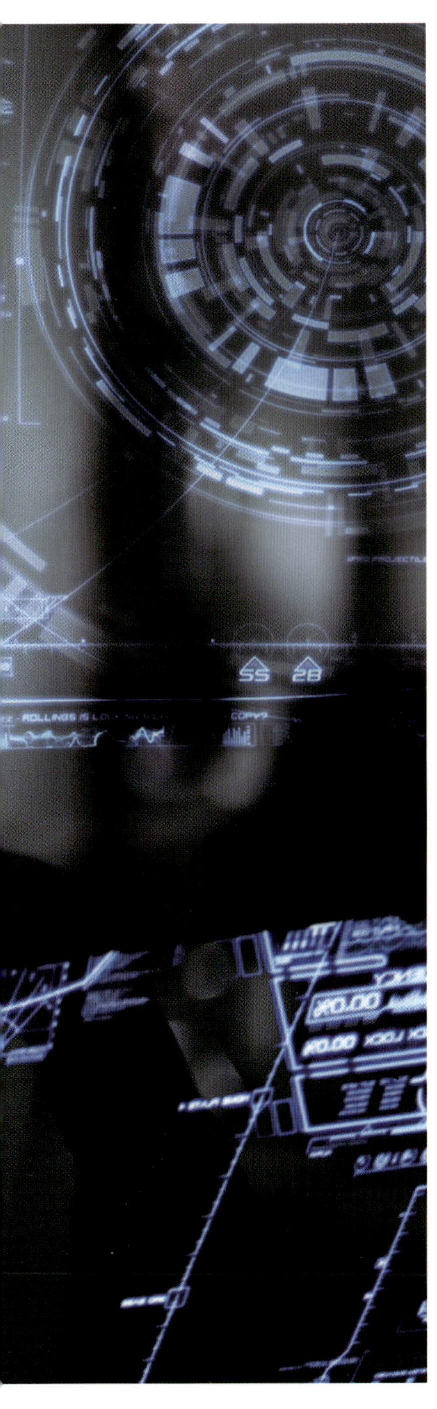

畅想二 异想经济

虚拟化和沉浸式技术正令人难以置信地改变着全球商业运作的方式，促使各行各业重新考量自身的战略规划、商业模式和内部运营。

驱动“异想经济”的五大趋势：

消费者和企业对沉浸式技术的需求不断增长

消费者日益渴求体验式消费

创新和速度成为企业成功的关键因素

经济民族主义方兴未艾

环境问题日益严峻

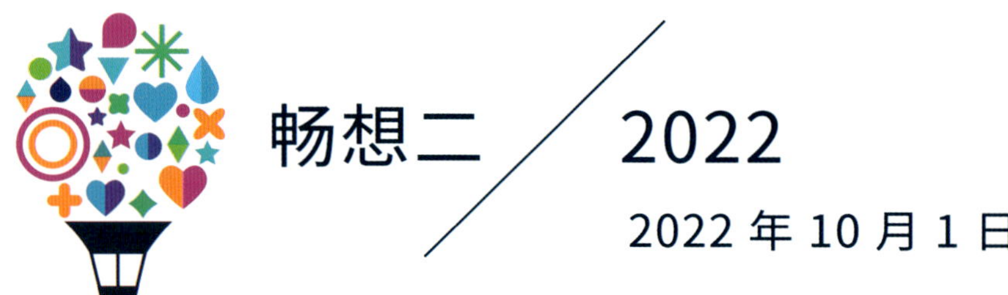

畅想二 2022

2022年10月1日

“很神奇吧？”

爱实转向她的朋友琴音，看到琴音吃惊地瞪大了眼睛。实际上，爱实看到的并非琴音的眼睛，而是一个与琴音长得一模一样的机器人的眼睛。通过放置在琴音头上的传感器以及她佩戴的XR（即Extended Reality，扩展现实）头戴装置，这个机器人可以实时模拟出她的表情。琴音笑着点点头，她的机器人也做出同样的动作。

爱实和琴音正在享受一场私人XR马丘比丘之旅。除了一个虚拟导游可以随时解答问题外，这里的游客只有她们两人。在现实世界里，爱实和琴音则身处VirTur公司的东京分部。VirTur是XR旅游行业的先行者之一，并且在XR经济中正迅速成长为一名科技巨头。目前，XR经济正在高速发展，包含了用于增强当前物理世界（AR）的产品和服务，以及创建全新的虚拟世界（VR）的产品和服务。她俩正待在一个可以调节气候的房间里。这个房间的空气经过降温、稀化以及味道调整后，变得与安第斯山区森林中的一样。

VirTur的CEO小泉佑利承认，总是会有人觉得XR旅游难以接受，认为这不过是对现实旅游的拙劣模仿。但他随即指出，XR旅游的价格和现实旅游相比，实在是微不足道：“物以稀为贵——马丘比丘一次只能接待有限的游客。但在XR中，这种限制是不存在的。”小泉认为，XR旅游在某些方面确实优于现实旅游：无须忍受长途旅行，不会让人山人海扫了兴致，不损害环境。

除了参观现存的历史遗迹，VirTur还提供其他娱乐活动以及多种虚构现实场景。小泉说：“游览马丘比丘时，你可以在历史遗迹的现存模式和初建模式间进行切换。要是你愿意，你还可以观看一场15世纪印加帝国的活人祭祀仪式。”他口中所说的“异想经济”能够带来双重影响：“第一，你能够以更低的成本、更快的速度和更加环保的方式做和以前相同的事。第二，你能够创造全新的事物。”

小泉使用VirTur子公司开发的XR技术平台管理着整个VirTur公司。而这一平台也正被推广至其他企业。在采访小泉时，我正身处都柏林家中的厨房里，而小泉告诉我，他正待在位于冲绳的海滨别墅里。但实际的效果是，我们都“出现在”VirTur令人赞叹的董事会会议室里。会议室设置在一幢摩天大楼的最高层。在这里，东京市区的繁华景象尽收眼底。事实上，这间会议室本身也完全是虚拟的，VirTur早已取消了实体总部。

小泉说："世界终于开始从物理局限中解脱出来了。而就在 21 世纪的最初十年，人们还认为不会出现能够完全替代面对面体验的技术。他们想象不到 XR 会变得如此具有沉浸感。人们过去说长途电话'终结了物理距离'，之后说视频电话也是如此。XR 技术则让这一切最终成为现实。"

但并非所有行业都对这一技术的到来表示欢迎。商务旅行市场遭受了 XR 行业的挤压，预计会在 2022 年出现自 2009 年以来的首次负增长。另一些行业则将自动驾驶汽车销量的缓慢增长归咎于 XR，尽管自动驾驶厢式货车市场正在急速发展。

但反对者只占少数。除了旅游业，异想经济早已成为很多行业增长的来源。以娱乐业为例，一方面，XR 游戏持续占据主导地位，另一方面，在线直播也在迅猛发展。目前规模最大的一场直播活动出现在上个月，当时共计有 500 万粉丝"参加"了单向组合在伦敦 O2 体育馆举行的单飞后的唯一一场重聚演唱会。

这一纪录预计将会在下个月被卡塔尔足球世界杯超越，而 VirTur 是国际足联此次盛会的官方 XR 合作伙伴。目前，VirTur 的一项决策已经引发了不少争议：有传言称由于没有多少球迷打算前往卡塔尔，所以 VirTur 计划提供一项"氛围提升"方案，即用电脑制作的球迷代替体育场内的真人球迷。XR 行业评论家德克斯·利在其近期畅销书《何为真实？XR，幻想与人类的未来》中，将这种现象描述为"割裂共享体验的又一新高度"。

小泉承认存在这样的问题，但他也表达了相反的观点，即 XR 技术也在帮助我们更好地了解现实世界。他说："我们最近在为加州理工学院的物理课程开发一款应用程序，可以让学生以虚拟的方式体验现实世界在量子尺度下运行是什么样子。"这一定程度上印证了德克斯·利的"XR 可能会像鸦片一样让人上瘾"的担忧。小泉说："别忘了，XR 也能应用于医疗，比如帮助士兵治疗的创伤后应激障碍。"

在业界，员工培训所依赖的大部分技术并不是虚拟现实技术（即 XR 的一个分支），反倒是增强现实技术（即 XR 的另一分支）。增强现实技术能够把操作说明随着操作进度实时展现在使用者眼前，让他们不必在手头工作和操作手册之间来回切换。根据经合组织（OECD）近期的一份报告《头戴装置：XR 对制造业的影响》，这一技术将显著提升操作精准度和生产效率。新产品的研发和上市速度也将加快，因为采用 XR 技术后不再需要花费很长时间来构建产品模型。但是，发达经济体也会因此降低劳动者的工资，因为新员工的生产力能够和经验丰富的老员工相差无几。

回到东京，爱实和琴音已经从马丘比丘返回，前去购物了。她们坐在咖啡店里，头戴 XR 装置漫步于虚拟走廊，议论着彼此"身上"的新衣服。琴音在 Chika 买了条裙子。这家店上周刚刚关闭了位于东京市中心的门店，现在只在郊区一家发货中心营业。不出意外的话，等琴音回到公寓，裙子应该也已经送到了。

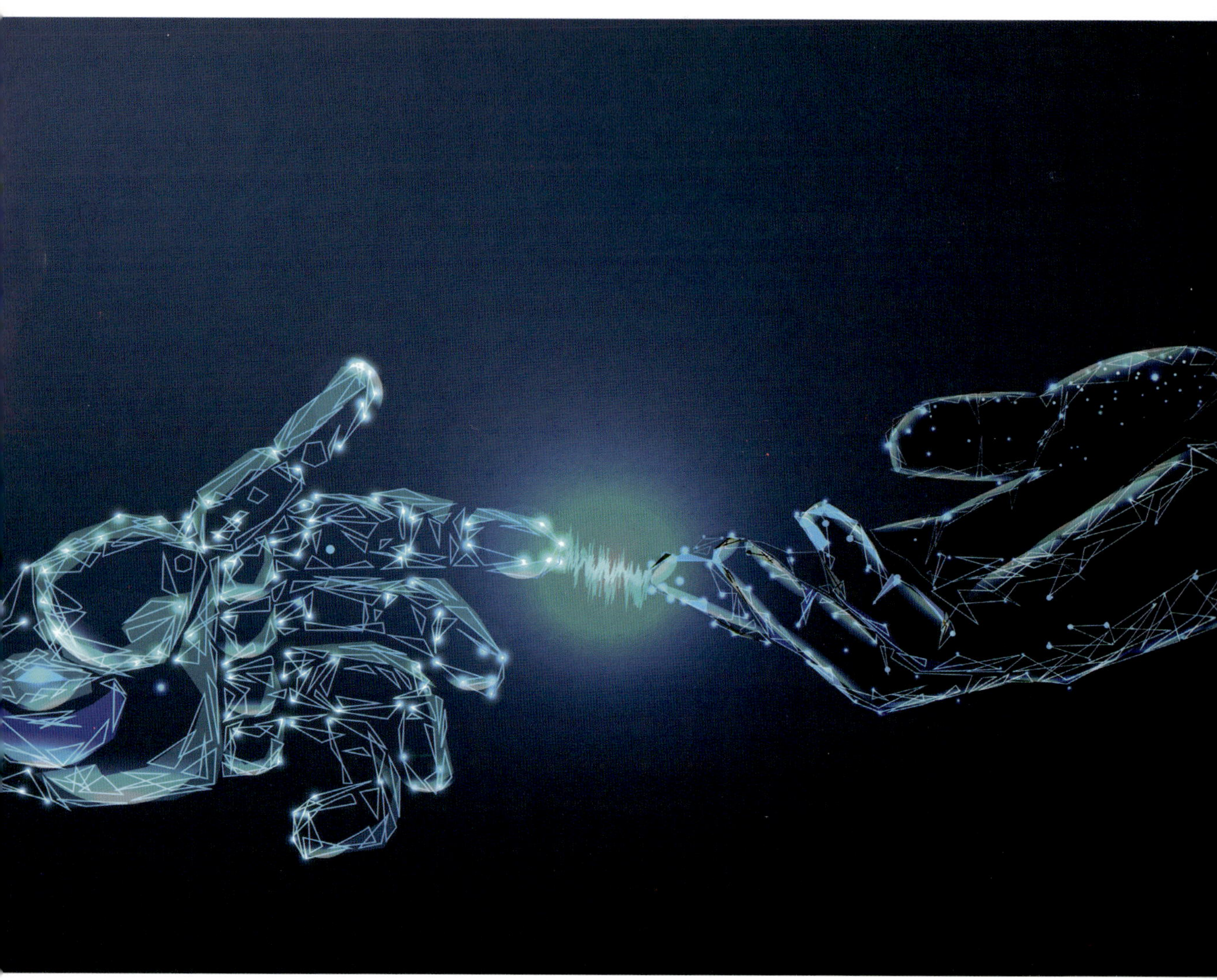

由于越来越多的零售商关闭了成本高昂的实体门店，再加上越来越多的公司开始使用 VirTur 的虚拟平台管理在家办公的“全息影像员工”，商业地产的价值出现了不小的波动。有人预测，民用住宅的价值也会发生改变，因为愿意出高价居住在剧院或餐馆附近的人将大幅减少。上海和里约等城市已经宣布取消规划中的基础设施升级，因为政府估计公共交通的使用量将减少。

由于时间的原因，我们的访谈即将接近尾声。小泉要约见他的知识产权律师，因为一家 XR 旅游创业公司对 VirTur 与秘鲁政府签订的独家协议提出质疑，该协议禁止其他供应商以任何虚拟形式呈现马丘比丘。此时，一位秘书推开门走了进来，一边向我这边点头致歉，一边说道：“小泉先生，您的下一场会议要开始了。”小泉笑着和我说道：“这是我们最新式的日历弹出提醒。您喜欢吗？”

拉回现实

从电报到传真机再到视频会议，尽管技术取得了非凡的进展，但距离和地理状况等物理条件依然限制着我们工作、生活、生产和消费的方式。然而，随着虚拟化和沉浸式技术的不断成熟，我们能够进入的虚拟世界愈发完善，虚拟数据与现实世界的融合也愈发紧密。在多年研发和投资的推动下，这些技术的价格已经越来越低，应用领域也逐步从游戏渗透至其他行业。

虚拟现实技术的发展打破了物理世界和数字世界的边界。一个坐在办公室里的员工，和一个出现在虚拟会议室开会或出现在虚拟饮水机旁聊天的员工，在工作效率或工作体验上的差别将越来越小。最终，也许我们真的就不再需要实体办公室了，因为所有人都可以远程办公，在虚拟的办公环境下互动。

在虚拟现实的世界中，产品设计将更加快速，成本将更加低廉。工程师和研究人员不再需要构建实体模型来试错。他们完全可以构建一些虚拟模型，在研发过程中尽早发现错误。比如，福特公司就已经开始在车辆设计中用 VR 技术取代传统的黏土模型工艺。AR 也可用于提升制造精度和生产效率：如果在待处理对象上呈现工作说明，工作人员就不必停下手头工作，去翻看说明手册、查找后续步骤。

虚拟现实也可能改变娱乐行业，让人们远程沉浸在体育比赛和演唱会等现场活动中，而且打破场馆容量的限制，让每个人都可以坐在场馆的最佳位置。VR 也能实现虚拟旅行，创造沉浸式的、多感官模拟的旅行体验。万豪国际酒店已经在测试这种虚拟旅行，使用三星 Gear VR 头戴装置为客人们提供安第斯山脉和北京街头等地的旅行体验。

随着购物和娱乐的界限愈发模糊，虚拟现实也可能掀起一次零售业的革命。阿里巴巴和 eBay 等在线零售商已经上线了 VR 店铺，为消费者提供一种全新的方式来货比三家或试穿试用。

在未来三到五年间，沉浸式技术将不断渗透到各行各业，很可能彻底改变我们与世界互动的方式，在新的“异想经济”中打破现实与虚拟的疆界。

未来挑战

异想经济可能会要求许多行业的公司重新评估战略规划、商业模式和运营方式。

随着 VR 逐渐替代商务旅行、旅游、娱乐活动和实体店购物，并越来越为大众所接受，依靠实体店发展的行业可能需要寻找新的竞争优势（一个连锁反应是：房地产价值将出现波动）。在制造业，VR 和 AR 将缩短产品周期，这可能让消费者对产品更新换代的期望越来越高，从而促使所有企业加快创新速度。然而，XR 的广泛应用究竟会对知识产权和其他法律法规问题产生何种影响，目前还有很大的不确定性。

企业还可能需要调整公司文化和培训计划，让整个团队从工作氛围和工作技能上为虚拟协作提供更多的支持。同时，企业也应当调整工作流程，让经验较少的员工也可以借助 AR 的操作提示来参与到复杂的工作中。

企业需要判断在什么时间、以什么速度将虚拟工作注入到组织当中，因为无论是过早依赖还不够可靠的沉浸式技术，还是过晚参与进来，都有可能给企业带来无法挽回的损失。

员工和消费者一样也可能会有隐私上的担忧，因为他们知道在虚拟世界中追踪活动要比在现实世界中更加容易。还有一点，将工作虚拟化后，企业在面对黑客入侵、网络恶作剧和网络断联时也会更加脆弱。

未来机遇

在公司选址时，实体基础设施和物理距离可能会变得不那么重要，因为“全息影像员工”可以跨越国界、像实体办公室中的团队一样方便地开展协作。在经济民族主义情绪日益高涨、移民受到限制的今天，这或许能够为企业雇佣国际员工提供更多便利，因为这种工作方式减少了经济移民的需要。但是这也带来了另一个问题，即政府是否会在限制移民之外，进一步限制工作成果的转移。

从培训到多任务管理再到原型制造，VR 和 AR 将给众多行业的公司开辟提升生产效率和敏捷性的新途径。毕竟，新员工在入职第一天，就可以借助 AR 的指导达到和老员工一样的生产效率。

异想经济将是一个充满颠覆的商业环境。新玩家一旦掌握用 XR 创造新价值的方式，比如结合多种 XR 体验，就有可能迅速成长为业界霸主。

在拓展新市场时，企业也许不再需要先设置一个实体店面或办公室；在接触客户时，企业也有了更多的选择，比如在地铁站等人流较大的区域设置 VR 自助服务机。企业可以为消费者提供全新的购物方式，比如提供汽车和家居产品的加拿大轮胎公司最近建立了一家新门店，顾客可以用 VR 尝试多种设计来改造房屋露台。这种虚拟购物方式也将为企业带来丰富的数据，帮助它们更好地了解消费者，从而改善产品和服务。

值得企业思考的问题

- 快速、可靠的网络连接将成为 XR 体验成功与否的关键
- 企业需要重新评估其房地产资产组合，例如服饰零售商抛弃门店和仓库，投资 VR 弹窗
- 企业可通过共享虚拟体验来加强公司文化建设
- 企业需要主动思考在异想经济引发的道德问题上（例如 VR 成瘾）应承担哪些责任

我们所处的世界通过数字技术日益紧密相连、数据驱动并加速虚拟化，为人们的工作和生活提供了无限便利。但是，这样的便利无疑是一把双刃剑：同样的数字技术暴露了网络安全的脆弱性，成为大规模数据泄露的罪魁祸首。

驱动“不安年代”的六大趋势

无处不在的传感器设备

网络威胁数量上升、危害加重

越来越多的网络攻击被用于扰乱地区政治局势

非政府组织影响力增大

“新闻造假”日益猖獗

数据驱动型组织增多，数据驱动型决策兴起

畅想三 2022

2022年10月1日

2022 年 10 月 1 日：专访卡洛斯·海尔采格，网络安全基金会首席执行官

在参议员阿克被暗杀后，网络安全再次占据各大媒体的新闻头条。当人们听说攻击心脏起搏器竟然这么容易时，都非常震惊。请问您是否也和大家一样呢？

很遗憾，我其实一点儿也不惊讶。多年来，对互联设备脆弱性表示担忧的声音始终没有停止过。但是，当不幸真的发生时，尤其是当人们眼睁睁地看着黑客入侵起搏器制造商的推特账号，并用推文给阿克的死亡进行倒计时的时候，确实让人脊背发凉。我一直盯着屏幕右下角的已经经过核实的实时新闻推送，难以相信这一切真的发生了。

您是否信任那些已经经过核实的新闻推送？

这年头你没法完全相信任何东西，对吧？不过，我觉得这确实是个有用的工具，而且我们确实在新闻核实方面做得越来越好。我不知道你听说过没有，有简报说美国中央情报局宣布此次事件是“国家支持的”恐怖主义袭击。这种说法一度引发了大规模恐慌，但实际上这条简报根本就是虚假消息。幸好流言很快被澄清了。目前看来，这是国内的极端主义者在捣乱。

我们来聊一聊那些值得高兴的事吧。ThingSafe 已经成为第一家获得网络安全基金会 AAA 评级的公司。这件事情也让您在本周再次成为媒体关注的焦点。那么，这么高的评级到底意味着什么？

这意味着我们认为该公司已经在合理范围内用尽所有努力来提高产品安全性。当然，我们并不是说他们已经对网络安全绝对免疫，毕竟没人能做到万无一失。而且作为一家独立的公司，对保障网络安全能够做到的依然有限。如果网络袭击导致整个互联网的瘫痪，就像上周二美国东海岸所发生的那样，那么拥有再高评级的公司也无能为力。

上次美国东海岸的事件给了我们哪些经验教训呢？

上次事件揭示了许多公司的网络安全防备是多么脆弱。那次事件中，我们看到人们被锁在自己家门外，自动驾驶汽车停在高速公路中央，全息影像员工在企业平台上消失，XR 购物中心无法进行支付。所以，我们在网络安全基金会的评级流程中会评估企业的应急计划是否足以应对此类大规模恶性事件。显然，大部分企业的应急计划可以说是不够充分的。

您能否为那些还不熟悉网络安全基金会的读者简要介绍一下，这是一个什么样的机构？负责哪些工作？

网络安全基金会由几位硅谷慈善家创立。他们认为，为了引导消费者选择更高质量的产品，有必要对网络安全制定一个质量认证体系，就像为食品贴上“有机食品”标签一样。我们希望能够推动整个市场的良性循环：消费者越青睐那些保障产品安全性的企业，越会促使更多企业在广告中提及自己通过了网络安全基金会的认证评级，进而会有更多消费者认可这一评级，那么就会有更多企业愿意向我们付费进行评级。

评级流程涉及哪些方面呢？

我们会派遣一支团队进入待评级企业，提出各种问题，并考察他们的网络安全配置。然后，我们和白帽黑客合作，请他们攻击这家企业。顺便说一句，我们的评级不是一次性的，而是一个持续的过程。也就是说，我们会定期开展企业内部自测，一旦发现漏洞且判断该企业未能及时处理，就可能会对其降级。

具体而言，你们都使用了哪些评估标准？

我们有一张标明评级标准的清单。但评级并不只是简单地打打钩，还需要涉及诸多复杂的判断。这种安全评级方面的对标服务还是一个比较新的概念。就在几年前，企业还在使用一些比较粗糙的衡量标准，比如以“网络安全投入占 IT 预算的百分比”为衡量标准。而且，企业面临的威胁也一直在变化。例如，由于越来越多的国家建立了数字边界，我们目前就在制定一项标准，来评估企业在应对数据监管政策突然改变时的准备情况。

虽然网络安全基金会成立才不过 18 个月，但现在到处都能看到基金会的标识。我们可以感受到，公众的“不安全焦虑感”达到了前所未有的高度。这是你们得以快速发展的原因吗？

这只是一部分原因。人们对网络的依赖性越来越高，尤其对 XR 创造的虚拟世界欲罢不能。这已经成为人们生活中再自然不过的一件事。但很少有人真正理解其中的风险和所需的安全保障。在冷战时期，各方力量的博弈至少还是看得见摸得着的。每个人都能看得到武器的存在，懂得武力威慑的逻辑——那些东西的可预测性比较高。

如今情况不同了？

大不相同。想一想这些因素：割裂的区域政治局势，恐怖分子和犯罪分子网络，以及宽松的技术管制导致新技术内在的安全风险提升，进而导致网络攻击的方式愈发复杂。

大部分消费者调研表明，企业是否

有能力保障数据安全已经成为消费者做出购买决策前的首要考虑因素。是什么导致了消费者态度的转变呢？

一些影响力极坏的事件使人们更加意识到，他们的数据其实非常有价值，一旦被泄露，后果将不堪设想。还记得去年亚戈银行的数据泄露事件吗？当时员工福利服务信息被泄漏到网上，人们最隐私的医疗数据被公之于众。

还有哪些方面会让人们担忧？

首先，钓鱼攻击越来越复杂。几年前，钓鱼邮件中还会出现像“我是尼日利亚前国防部长的遗孀”这种很容易引起人们怀疑的桥段，并充斥着拼写错误。如今，骗子们可以利用人工智能来整合从各种渠道盗取的信息，来杜撰一些高度个性化的、真假难辨的钓鱼信息，比如“我在萨利披萨店买披萨呢，快把支付密码发给我一下！”

不过也有人认为这些事情总是防不胜防的。您觉得是这样吗？

的确。所以越来越多的消费者有意选择那些值得他们信任的公司，以便将不利情况发生的概率降到最低。我们看到，市场上的新玩家将网络安全放在产品和服务的首位，对价格和使用便利性反而不那么重视，这让市场上其他竞争对手相形见绌。ThingSafe就是市场上的佼佼者，这家企业不仅管理智能住宅内的所有互联设备，也负责保障这些设备产生的数据的安全性。

政府应该在数据安全方面承担更多责任吗？

不知道你有没有研究过加州提案？这项提案建议，应该把那些“无法有效防止病毒入侵”的互联设备认定为非法设备。希望借此提案，法律能够更加完善。但是，一些政府总是会给出数据民族主义倾向的回应，使问题变得愈发复杂，因为那些措施根本就是缺乏考虑。顾虑重重的监管者总是疲于追赶快速改变的行业——这就是为什么我更喜欢我们的做法，也就是让市场本身发挥作用，推动整个行业更好更快地发展。

拉回现实

今天，互联设备的数量已经超过了这个星球上的人口总和，无处不在的传感器设备还在源源不断地产生新的数据。以汽车行业为例。目前，每辆新车拥有 60 到 100 个传感器，而随着传感器愈发智能化，这一数字将增加至 200 个。到 2020 年，仅汽车行业就预计将安装约 220 亿个传感器。从整个社会来看，2015 年至 2020 年间产生的数据量将出现极大飞跃。单独看互联网流量，2016 年每几秒钟处理的流量就已经超出了 1992 年全年的流量。

我们所处的世界日益紧密相连、数据驱动并加速虚拟化，为人们的工作和生活提供了无限便利。但是，我们的世界也日益暴露出网络安全的脆弱性。2016 年，全世界发生了 15 次大规模数据泄露，每次数据泄露都导致超过一千万条信息被盗。2017 年的勒索软件 WannaCry 利用微软 Windows 操作系统的漏洞，锁住了 150 个国家的 30 多万台遍布工厂、医院、商店、学校和政府中的电脑。

黑客攻击能够造成整个网络平台或实体基础设施瘫痪。2015 年，一次针对乌克兰电网的攻击让 70 万人断电数小时。2016 年，一个由近 50 万台联网设备（包括网络摄像头和数字录像机等）组成的“僵尸网络”使推特和贝宝一度无法访问。过去，只有少数大国拥有大规模攻击基础设施的能力。如今，随着地缘政治局势越来越复杂，恐怖分子和犯罪团体的破坏能力不断上升，人们越来越难以确切地找到攻击源头。

网络攻击对企业的财务和声誉造成的影响越来越大。2015 年，一些技术研究人员展示了他们能够入侵 Jeep 大切诺基并远程操控该车辆的引擎、刹车和方向盘，迫使菲亚特克莱斯勒召回了 140 万辆汽车。雅虎在 2016 年的数据泄露事件中造成 10 亿账户信息外泄，为此面临着 23 起集体诉讼。

预计到 2020 年，全球对网络安全硬件、软件和服务的投入将超过 1000 亿美元。越来越多的公司将网络安全升级为重要的投资对象。例如，亚马逊的云业务 AWS 就在 2017 年收购了网络安全公司 harvest.ai。

未来挑战

保障网络安全迫在眉睫，企业很可能需要做出决策：是付费升级不安全的系统，还是继续保留这些系统并进行风险评估。这样的决策往往会很艰难。比如，尽管已有 15 年历史的 Windows XP 操作系统从 2014 年起就不再进行安全更新，但目前世界上仍有超过 7% 的电脑正在使用 XP 系统。有一些电脑用于医学等专业领域。但正如英国国家医疗服务系统的网络安全专家指出的那样："你不可能因为核磁共振扫描仪使用的是 XP 系统，就淘汰这种昂贵的设备"。

网络安全忧虑的增长很可能会在消费者中引起恐慌，进而造成大规模抵制不安全开源平台的社会运动。本来，开源和协作文化促使独立开发者和用户等参与到企业产品周期中来，从而激发创新，提升用户体验。但是一些企业会顾及开源平台的安全性，可能放弃使用这样的平台，进而错失商业发展的良机。比如，安卓系统因为花样繁多的应用而广受开发者和消费者的喜爱，但也因为应用质量良莠不齐或恶意软件泛滥的问题而备受诟病。出于安全考虑，企业可能会选择远离这样的平台，放弃与之相关的发展机遇。

人工智能的发展可能为网络安全带来新的隐患。例如，华盛顿大学的研究人员利用人工智能制作的奥巴马总统讲话视频就已经达到了以假乱真的程度。这意味着使用人工智能技术伪造音频和视频已经成为可能，这些音频和视频可能被用于操纵和误导不明真相的群众。心怀不轨的犯罪分子也能使用人工智能更加轻而易举地收集和滥用个人敏感信息。

未来机遇

人工智能尽管会对网络安全构成威胁，也为提升网络安全的提供了新工具。例如，成立于 2012 年的美国技术公司 Cylance 正利用机器学习技术分析过去的攻击，旨在在病毒或恶意软件对用户电脑造成损害前检测到并阻止它们。

从生态系统的角度来看，新兴的物联网生态体系正处于制定设备兼容性标准和网络安全标准的阶段，这可能是企业成为行业领导者的良好机遇。如何为不同级别的数据划定合理的安全级别，如何保证价值链各个环节的安全标准保持一致，如何在保护整个生态系统的安全中承担责任，都可能成为讨论的焦点。

值得企业思考的问题

- 网络攻击不在于是否会发生，而在于何时会发生。企业应随时做好准备
- 安全将成为企业的竞争优势，安全评级服务可能随之产生，影响消费者和客户的决策
- 企业可以考虑把已有的人工智能和区块链等技术应用到提升网络安全之中，以最大化投资回报
- 企业的网络安全责任将与实体安全责任同等重要
- 企业如果能就网络安全方面的具体事项牵头为整个行业乃至生态系统来制定框架，将会从中受益

尾声

本研究虚构的故事绝不是仅供消遣，而应当成为企业实际决策和行动的基础。每家企业在未来面临的挑战各不相同。作为企业的领导者，您不妨想象一下，您的企业现有的运作模式是否足以应对本文描绘的种种未来。如果已知这样的未来终将来临，您从现在开始应当进行哪些改变？未来变幻莫测，您预备的种种方案是否足以让您从容应对？

我们也期待企业的领导者们展开想象，大胆推测在本文描述的三种未来以外，还有哪些情况可能会发生。不妨选择不同的趋势，以全新的方式进行组合，并考虑它们之间的互相作用会产生什么结果。如果这些趋势互相碰撞、相互影响，会发生什么样的重大事件？您需要在今天为明天的到来做好哪些准备？

预测未来永远不可能成为像数学或物理学那样精准的科学。它始终要求决策者运用大量的主观判断，在未来的可能性和未来的不确定性之间取得平衡。我们希望“商业未来”的研究方法能够成为商业领袖们理清思路、制定决策一大新工具。

附录：研究方法

作为本研究的起点，我们首先筛选出了一百多个重要的全球趋势，这些趋势都将在中长期内对各个行业中的企业产生重大影响。有些趋势是长期以来一直存在的，有些趋势是最近几年刚刚萌生的。它们分布在人口与社会、经济、地缘政治、环境、组织、技术这六大领域，凝结着我们对300多个二手信息来源进行分析的成果。

本研究所讨论的每个未来都是由这一百个重要趋势中的几个趋势相互碰撞组合而产生的。我们是如何确定应该选取哪些趋势进行组合分析的呢？答案是，我们使用了文本分析工具对所有趋势进行了筛选和分组。我们分析了CEO们发表的7000多次演讲，由此了解到企业高管最关注的问题是什么。以2017年为例，社交媒体和人工智能是CEO演讲中最常涉及的两大话题，意味着这两个话题是企业高管在2017年最关注的问题。

我们进一步对CEO的演讲进行了倾向性分析，发现他们尤其关注地缘政治和网络安全。例如，在2017年的分析中，有关网络安全的负面情绪占总所有分析对象的27%，远远高出虚拟现实的9%和宏观经济环境的8%。

除此之外，我们运用文本分析评估了风投资金的流向，以此追踪不同技术的受关注程度。我们对不同行业的交叉分析表明，医疗、人工智能和区块链是人们目前关注的焦点；我们对不同地区的交叉分析表明，人们对中国、印度和以色列等新兴技术型国家的关注呈上升趋势。我们还对政治、经济和技术领域的300个影响力最大的博客爬取了数据，以发现新兴的热门话题。

我们在用多种研究方法检验了不同趋势之间的关系并将这些趋势合并分组后，邀请了专家顾问团对初步研究成果进行分析。我们的专家顾问团包括了埃森哲内部和外部的未来学家、企业家和行业专家。他们通过一系列访谈和研讨会共同探讨这些未来对企业的影响。

经过这些研究步骤，我们最终敲定了三大商业未来，在本文中一一呈现。

作者简介

马克·珀迪

埃森哲研究部董事总经理

常驻伦敦

mark.purdy@accenture.com

雅典娜·佩普斯

埃森哲研究部经理

常驻伦敦

athena.peppes@accenture.com

比尔·勒西厄尔

埃森哲技术研究院经理

常驻旧金山

william.lesieur@accenture.com

安愫宁

埃森哲研究部研究员

常驻北京

suning.an@accenture.com

2022 年的制造业

黄伟强、陈崇伟、童华 | 文

制造企业，正在承受着前所未有的压力。数字技术正在渗透到产品设计、制造、交付和用户体验的所有流程中，这场翻天覆地的数字化变革，将在未来五年重新定义制造业的内涵与外延。

西门子已经成功运行自组织、超高效的无人工厂原型；[1] 第一家全机器人药店预计将于 2021 年开门营业；[2] 商店里的镜子装有识别软件，能分析肢体语言的人工智能可预判销售成功率；[3] 量子计算提供的处理和演算能力将以全新方式解决现在的行业难题……

以上变化都无不昭示着，我们的社会正在以高度数字化的方式，发生深刻变革：个人消费者总是期望产品能够更满足他们的需求，个性化、简便易操作，甚至在不看说明书的情况下就可以快速上手。但面临的现实是：他们心中所期许的产品和解决方案却迟迟未出现。事实上，不仅是个人消费者，企业也在向供应商们提出同样的问题。

这意味着，未来所有制造企业都会把体验和服务质量，看作衡量成败的重要标准和价值挖掘的重要来源。越来越多的制造业不再为未知的市场，生产利润微薄的产品，而是转向基于服务的成果。企业进行流程改造，利用数字技术监控从产品设计、制造到交付和用户体验的全部流程，不断更新迭代。

埃森哲预计，未来 5 到 10 年，这一模式将成为全球许多市场的主流。那时，企业将从生态系统中获取资源，并采用例如 3D 打印等分散化技术进行生产，并做到即时配送。最终，制造企业的运营将融入于开放、灵活、模块化、松散耦合的生态系统。

新模式下，第三方企业将在产品创新、生产和分销等环节扮演日益重要角色。部分制造商可能不会再拥有设施，甚至可能从未碰过产品。但多数制造企业仍保有核心设施的所有权并保留核心能力，同时依靠越来越多的生态系统合作伙伴来“补齐短板”。

这场数字化变革已初见端倪，尤其是在发展迅猛且产品生命周期短的消费电子产品领域。我们相信，这场翻天覆地的变革将在未来十年重新定义制造业的内涵和外延，而站在变革潮头之上的，是那些积极拥抱数字化变革的企业。

传统制造业的困境

虽然前景光明，但目前制造企业正在承受“大爆炸式颠覆”和“挤压式颠覆”的双重威胁。

全球范围内，传统制造企业正在缓慢进入生命周期的衰退期，营收增速下降、获利能力承受着前所未有的压力。埃森哲战略研究发现，主要依赖自有设施运营的制造企业更是如此。这类制造企业不仅效率低、盈利差，而且相对于受合约制造商支持、搭建起了健全生产网络的制造企业而言，所创造的收入也相形见绌。[4]

而中国制造企业面临的压力和挑战同样巨大。在生产要素价格不断上涨、需求疲软等重重压力下，中国制造业的营收增长不断放缓，盈利水平停滞乃至

1 《智能自动化：数字时代不可或缺的新同事》，埃森哲，2016
2 《深度转变：技术转折点及其社会影响》，世界经济论坛，2015 年 9 月
3 《工业 X.0：实现工业领域数字价值》，埃里克·谢弗尔，吴琪，黄伟强，2017
4 埃森哲战略 2015 全球制造业研究

下降，投入产出比恶化。[5]

是什么造成了制造企业的这一被动局面？

首先，崛起的新兴技术企业对传统市场规则和行业价值链带来冲击。

全球化、数字技术的指数级增长等，激发了技术创新和商业创新的大爆炸式增长。根据埃森哲与世界经济论坛2016发布的《行业数字化转型》研究，全球GDP超过五分之一的部分来自于与数字化密切相关的技能、资本、产品和服务。预计到2020年，数字技能和技术将会为全球经济产出增加2万亿美元。同时，新兴数字技术的影响力远远超过技术本身，它们正在重塑用户消费行为、社会文化和商业生态，催生出一个个“独角兽”。“独角兽”们对行业价值链和传统企业都构成巨大冲击，传统制造企业生产效率瓶颈、发展瓶颈也很快到来。

其次，企业过于专注在核心业务发展，丧失了开疆拓土的新机遇。

传统企业通常会在夯实核心业务后再去探索新机遇，或者有些企业虽然可以看到附加价值，但由于文化障碍、缺乏灵活运营能力等限制，而无法实现这些新增价值。但是数字时代的产品和业务生命周期极大缩短，执着于“只开拓现有市场”的机会成本越来越高。[6] 如果公司能够在提升效率缩减成本的基础上，探索更多新的价值机遇，就有更大的机会取得卓越绩效。

最后，企业只有持续不地进行数字化实践，并将数字化融入经营管理的各方面后，才能最终提升经营绩效。

埃森哲对比了传统商业领袖和数字领军者的经营业绩，发现数字领军者在盈利能力、股东回报、投资者信心以及优势持续性这四大绩效维度上具有显著优势（见下图）。而现状是中国制造业

图 传统商业领袖由于数字化滞后而损失了未来的竞争力

数字领军者在盈利能力、股东回报和投资者信心方面明显领先

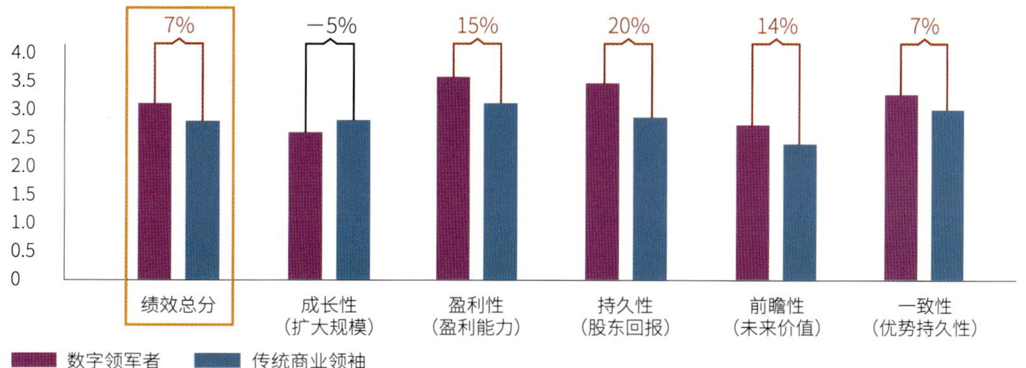

来源：《发现新动能：中国制造业如何致胜数字经济》，埃森哲，2017

5《发现新动能：中国制造业如何致胜数字经济》，埃森哲，2017

6《发现新动能：中国制造业如何致胜数字经济》，埃森哲，2017

企业数字化水平整体较低，数字化尚未渗入经营全链条，尤其是在革新这一经营环节上，大部分中国制造企业还未能有效通过自动采集相关信息，对企业经营绩效进行综合分析。[7] 虽然传统商业领袖在扩大规模方面略有优势，但做大不等于做强。数字化能带来更优质的增长、是提升长期竞争优势的重要动力。

工业 X.0：全新数字化，一切皆服务

既要满足个人消费者和企业用户的体验需求、又要转变运营和生产模式并从中获益，制造企业通向未来的道路在哪里？是否有一种开放、动态且广泛兼容的方法，可以运用不断涌现的新技术推动工业数字化转型，助力企业引领行业新发展？

答案就在工业 X.0。

在工业 X.0 情境下，一切设计均围绕客户展开，而企业则化身为灵活开放的产品提供商，为客户提供一系列物联智能产品、服务以及自维护平台。企业一方面可以运用基于软件的连接能力提升其核心运营效率，另一方面可以综合运用先进的数字化技术进行创新，为客户提供更优异的产品和服务成果。

由于工业 X.0 企业有能力依照客户个性化需求量身打造、交付并持续更新

7 《发现新动能：中国制造业如何致胜数字经济》，埃森哲，2017

产品、服务，以提供更好的用户体验，最终客户关系不断强化带来持久的客户“黏度”。依托全新数字化、一切即服务的业务模式，企业有望收获数字化转型结出的“累累硕果”，而这正是工业 X.0 的核心前景。

埃森哲近期对 12 个行业的 900 多名高管开展了一项调查，结果显示：三大关键性理由决定工业 X.0 转型势在必行。[8]

关键理由 1：高度数字化的客户不会等待落后者

超过 8 亿个人客户已然翘首等待超个性化的使用体验。如果成本和生命周期在一天天降低，客户会毫不犹豫地淘汰“无能”企业。

关键理由 2：唯有拥抱工业 X.0 方能引领新时代

99% 的受访高管人员都将“引领新时代”划入企业核心章程。埃森哲的研究显示，引领新时代不仅要求企业能实现核心业务转型，同时又能在新领域开疆拓土。而要做到这两点，企业只有借助工业 X.0 的有效组合，才能在整个价值链中运用数字化的力量大幅提升效率，同时部署物联智能工具，带来全新体验并实现新的增长来源。

关键理由 3：不顺应工业 X.0 时代必遭淘汰

埃森哲的跨行业数字化绩效指标分析显示，如果企业无法在贯穿整个产业价值链乃至终端客户的利益链中，发挥数字化技术的力量，那么将无法把握住快速增长的数字化客户群，因此更易遭到数字化革命的颠覆式挤压。

拥抱工业 X.0

工业 X.0 并不能一蹴而就，而需要企业在 5 至 10 年间慢慢演变。这实际的时间跨度则要视企业实现新价值的程度而定。但毫无疑问，企业转型宜早不宜迟。

当很多企业还在通过延长核心业务生命周期，以延缓企业的衰退时，先行者已经开始探寻新增长机遇。中国正处于向数字经济转型的快速发展期，将是孕育新的增长周期的重要机遇。就连沃夫冈·瓦尔斯特尔教授 (Wolfgang Wahlster)，在参加埃森哲中国企业高层圆桌会期间都表示“虽然中国都在关注德国的工业 4.0，但是中国突飞猛进的数字化更令德国企业高管感到不安”。

先机者早已踏上旅程，而且已经颇有成果。例如，领先的信息通信技术（ICT）解决方案提供商华为，该公司的使命是“为客户创造最大价值”。华为核心业务由产品和服务双驱动，利用云技术推动实时、按需的客户解决方案。合作伙伴关系是华为发展战略的基石。其开放实验室（OpenLabs）正在构建一个 ICT 生态系统，其创新中心专注于联合创新，而 Xlabs 研究平台采用类

8 《Achieving Digital Performance》，埃森哲， 2016

似的协作方式探索未来应用场景。华为“2012 实验室”鼓励探索、宽容失败，其研发支出庞大，占总收入的 15%。

工业企业需要具备全新能力才能释放被束缚的价值，如实现效率大幅提升、增加新的增长来源以及打造全新的客户体验。

新要务 1：核心业务转型

企业必须打造强大的数字化、集成化工程和生产系统，来大幅提升效率。依靠大规模自动化技术可帮助大幅优化生产流程以及提升设备总体效率，进而建立全新行业标准。在整个产品生命周期中，硬件和软件同步发展，从而产生无摩擦价值，并更好地留住客户。高管们表示，确保整个公司和生态系统对数字化战略有统一的认识和部署，以及更加重视数字化信任和安全，对增强上述能力极为重要。

新要务 2：商业模式的创新

企业必须变革业务模式，来释放潜在价值从而创造新的收入来源。高管们认为有多种方式来实现创新，比如：打造可进行自适应交互的全新智能、联网产品有助于整合早期发展阶段遗留下来的价值；机器对机器的协同效应有助于从员工或顾客中获取更敏锐的洞察，发掘协同价值新来源；利用基于软件的服务化商业模式和按次计费的收入结构引入新的利益相关者，为行业创造新的价值。

新要务 3：关注经验与成果

创造超个性化客户体验来适应不断变化的需求，这对建立和保持市场领先地位至关重要。在整个产品生命周期中，如果采用智能触点的数字接口，可增强客户体验。同时，数据分析提供的实时洞察能更好、更快地帮助决策，并防止价值漏损。

新要务 4：建立数字化员工队伍

具备数字化技能的人才对维持竞争优势至关重要，但非常稀缺。按需招聘、培训和留住这些人才对保持竞争优势很关键，并且可以为行业深入发展创建人才库。具备数字化能力的人才可增强人力所发挥的作用，并使其他人更加清楚数字化是如何提高生产力的。同时，设计加强人机积极协作的日常任务，以减轻员工对使用人工智能和虚拟现实等新技术的忧虑，并鼓励他们尝试新技术。

新要务 5：重构新的生态系统

通过建立合适的伙伴关系促进创新和增长。供应商、同行、分销商、初创企业和顾客构成多维生态系统，从而扩大数字化价值链，并有助于共同创新产品。

新要务 6：找到合理的平衡点

通过不断平衡对核心业务与新业务的投资和资源分配，帮助客户同步实现创新与增长。这需要企业将数字化原则纳入增长战略，并在主流业务中纳入先进技术，如增强现实、虚拟现实、人工智能和机器学习等。能力得到增强的公司开始擅于选择正确的数字技术组合，在合适的时机设计和开发客户所重视的体验。这些公司带头开发指标，用以衡量新产生的颠覆性价值，并使之成为行业规范。

中国制造企业在迈向工业 X.0 的过程中具有得天独厚的优势，但也面临众多挑战。我们建议，制造企业应谋定而后动，在统一企业高层管理人员和员工思想认识的基础上，全面评估所在产业的就绪程度，深入了解工业 X.0 的精髓，着力培育适合新趋势、新模式的思维、文化、能力和技术，提升生产效率，发挥生态系统的作用，积极构建数字化的商业和运营模式，采取整体方法重获全球制造业竞争力。

作者简介

黄伟强

埃森哲大中华区产品制造事业部董事总经理
顺哲科技发展有限公司总裁
常驻上海
woolf.w.huang@accenture.com

陈崇伟

埃森哲大中华区工业 X.0 业务主管，董事总经理
常驻香港
ivan.s.chan@accenture.com

童华

埃森哲研究部门亚太区公用事业研究主管
常驻北京
freda.hua.tong@accenture.com

三位作者鸣谢埃森哲工业 X.0 全球主管、董事总经理艾登•奎里根 (Aidan Quilligan）对本文的贡献。

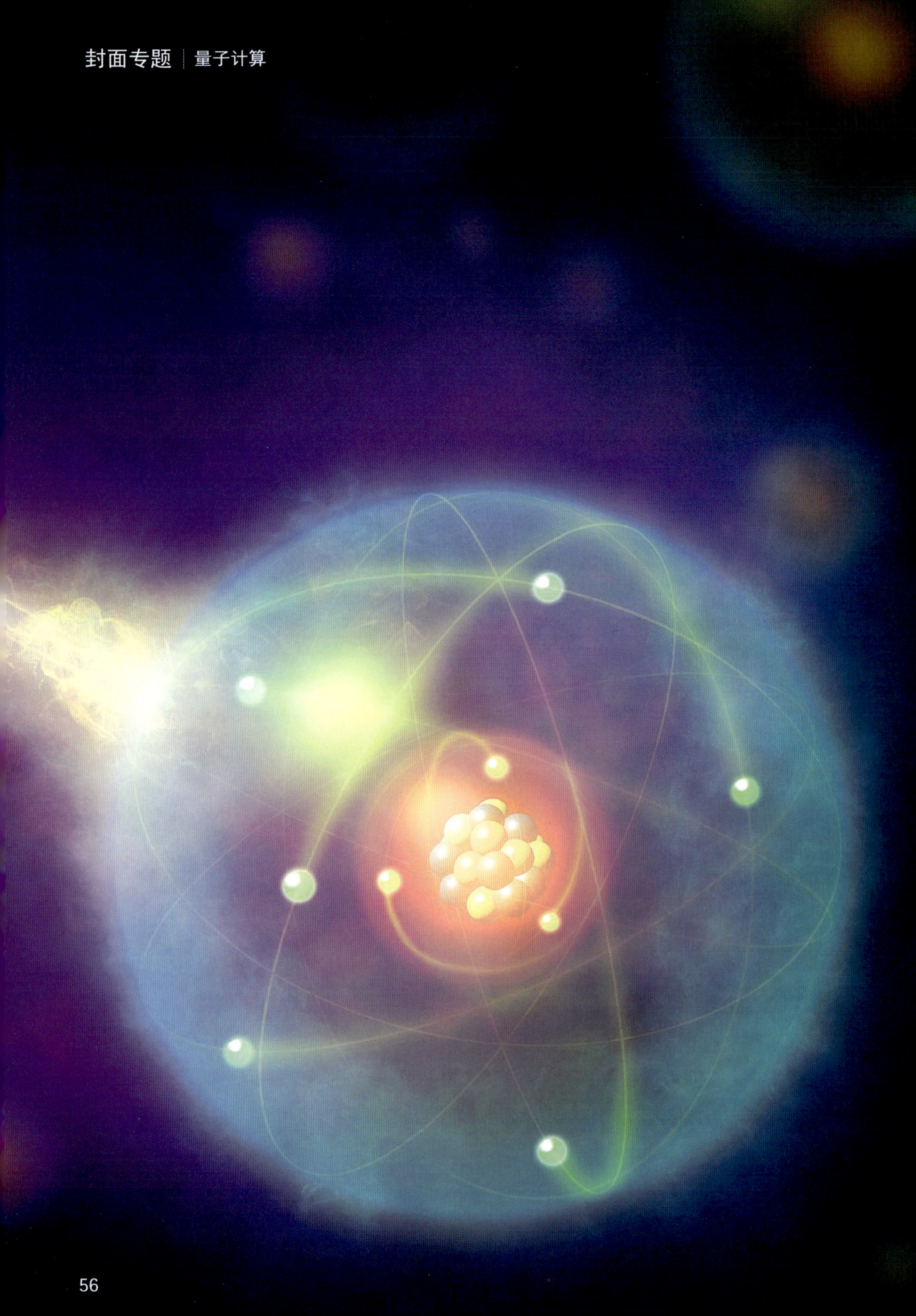

量子计算：突破 1 和 0 思维

马克·卡雷尔－比亚尔（Marc Carrel-Billiard）、丹·加里森（Dan Garrison）
卡尔·杜卡茨（Carl Dukatz）｜文

量子计算极大地改进了信息的存储和处理方式，比传统计算更高效。尽管距离大规模商业化应用还为时尚早，但在量子开启的未来，量子计算可以从根本上改革企业运营和技术运作的方式。

人们普遍认为，量子计算是能够实现“第五代”计算机的几种技术之一（见图一）。

在传统计算机中，信息量的基本单位是比特，它只能取 0 或 1 中的一个值。在量子计算机中，信息量的基本单位为量子比特或量子位。通过量子力学现象，这些量子位可以同步进行大量计算。理论上，利用量子力学现象，量子计算可以极大地改进信息存储和处理方式，算法比传统计算更高效，从而能更快地解决各种难题。

有许多言论宣称，量子计算能够在几秒内完成破解现代加密方法的任务，并在几分钟内解决难题。虽然理论上可行，但目前量子计算机还无法实现。早在 30 年前，物理学家和数学家就能够从理论上阐释量子计算机的运作原理，但一直没有一台真正的量子计算机设备诞生。[1]

在过去 5 年间，量子计算机的硬件和软件能力，已经逐步扩展到有形的商业产品中。然而，要完全实现在企业领域的应用，并交付有价值且经济的商业成果，这一技术仍有待完善。所以，传统计算不可能在短时间内被量子计算取代。

既然如此，量子计算还值得探讨吗？

当然！其实未来更有可能出现的情况是，量子计算扮演的角色是加强传统算法的子程序，使其可以在量子计算机上高效运行（比如抽样），从而解决特定的业务问题。

例如，寻找最佳零售配送路线的公司可以将问题一分为二，发挥两种计算机各自的优势。从理论上来说，量子计算机可用于确定所有高效路线（这是计算成本最高的部分），而高性能的传统计算机可优中择优，用于锁定最优高效路线。

因此，在短期内，对于传统计算机无法解决的问题，花费更高成本寻求量子计算机解决却不失为一个思路。

图一 计算机的发展

1 来源：Matthias Troyer，“High Performance Quantum Computing” Quantum Summit – Panel Discussion

量子计算和传统计算的差别

那么，传统计算和量子计算之间有哪些根本差别呢？

1. 信息表达

在传统计算中，计算机运行的单位是比特，取值为 0 或 1。量子位与此类似，但除了 0 或 1，它还包含了更多复杂信息，甚至是取负值。

量子位在取值之前处于不确定状态（即所谓的“叠加”）（见图二），可能受到其他量子位的影响（这就是所谓的“纠缠”）。量子位能够以多种方式（电子自旋、光偏振、超导电路等）实现，但量子理论的结果与信息存储和处理的具体机制无关。

2. 信息处理

在传统计算机中，比特是按顺序处理的，这类似于人们一步步手动解决数学问题的方式。在量子计算中，量子位则纠缠在一起。一个量子位状态的改变，会影响其他量子位的状态。

从本质上来讲，这使量子计算机可以快速地收敛到问题的正确答案。因此，在找到最优解决方案上，量子计算比某些传统方式更有效。

3. 解释结果

在传统计算中，受算法的设计限制，只可以使用明确定义的结果。量子答案（在数量上称为振幅）具有概率性。这意味着，由于叠加和纠缠，在特定的计算中会考虑多种可能的答案（见图三）。

图二 量子计算和传统计算在信息表达过程中的差别

量子位叠

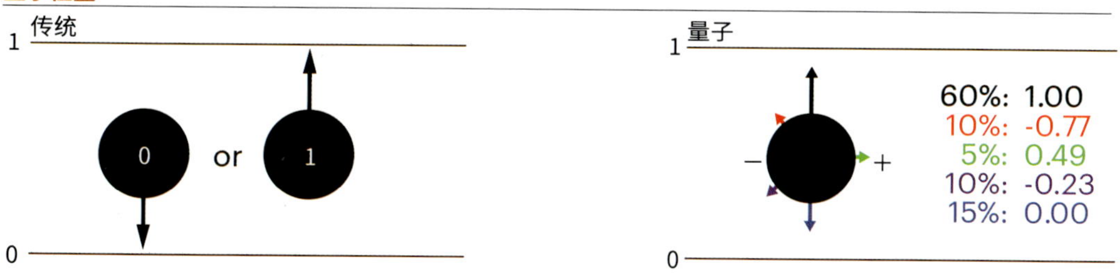

离散数字的可能状态： 0 或 1。

确定的： 对相同输入的重复计算将产生相同的输出。

无限（连续）数字的可能状态。

概率性的： 对叠加态的测量结果会得出概率性的答案（我们通过重复计算确立了对这些答案的信心），然后简化为 0 或 1。

图三 量子计算中的叠加和纠缠

量子位叠加：

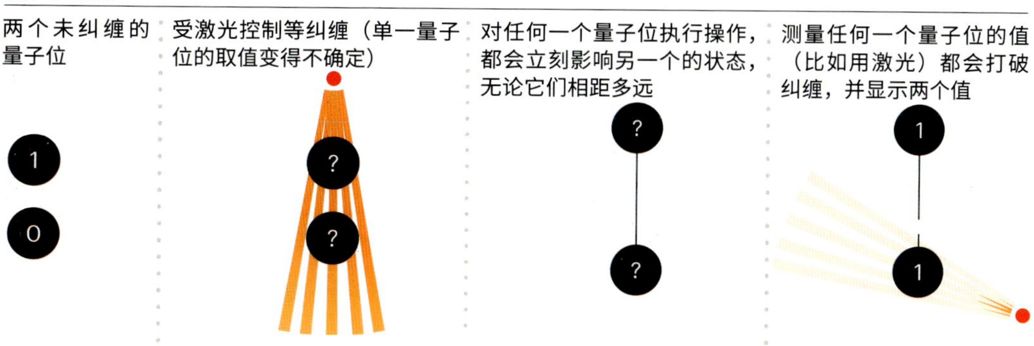

随着问题的多次出现，不断给出可能答案的样本，并累加对所提供最佳答案的信心。结合统计学可以得到某一答案为正确答案的可能性。可以通过调整该置信度阈值来提供最佳的速度和准确度。

这使量子计算机比传统计算机更高效地解决某些复杂的问题。每增加一个变量（比如指数时间），传统计算机就需要更多的时间进行计算，而量子计算机，单个变量所增加的时间要少得多。

量子计算机的种类

目前有几种方法可以构建量子计算机。最受商业青睐的类型，是绝热量子计算机和门模型量子计算机，二者各具优缺点。

绝热量子计算机（又名“退火炉”）：绝热量子计算机是一种特殊的量子退火炉，它最适于解决优化问题这一行业普遍存在的问题。除此以外，该方法还可用来解决抽样和机器学习问题。

门模型量子计算机（又名“电路模型”或“标准模型”）：因为硬件的特殊性，构建门模型量子计算机在技术上具有挑战性。这种量子计算机通过运用量子门（对一些单一量子位进行操作的基本量子线路）控制量子状态，从而进行计算。

这些量子门形成量子线路构件的方式，与经典逻辑门形成传统数字线路构建的方式相似。在首次提出量子计算机时，科学家构想的便是门模型量子计算机。

如果要构建完全可扩展的量子计算机，量子技术的发展，还需要克服一些障碍。例如，噪声会导致量子系统退相干并失去其量子特性。量子系统对噪声（即该系统定期调整的因素）的敏感度远高于传统计算机。在设计量子纠错方案（也被称为“容错量子计算”），以及推动工程技术发展以抑制噪声影响方面，仍有很大提升空间。

尽管如此，当前绝热量子计算机中的量子位数目与摩尔定律保持同步，在未来两到五年内，预期将会出现首个利用绝热量子计算机的企业应用程序（以及随后的商业应用）（见图四）。

尽管建成门模型量子计算机需要更长时间（预计这种技术至少还需要5到10年才能引发重大的商业和社会转型），但潜力巨大。

试想一下，如果我们能够设计出一种室温超导体，它传递能量和信息的效率远高于现有任何计算技术，这将是一件有价值事情啊。最重要的是，量子计算将会越来越多地被用于解决全球性难题，为人类带来福祉。

例如，通过研制碳封存的催化剂，以解决气候变化问题；通过制定改进农业方法的固氮作用（肥料）解决方案，以降低世界饥饿人口数量。

解决的“正确”问题

当前，量子计算最适于运用三种算法解决问题：优化、抽样和机器学习。

1. 优化

优化是量子计算目前重点关注的领域，其目标是从大量可能的决定中找出最佳方案。优化问题通常十分难以解决，但却是极具价值的现实问题，且几乎存在于所有行业中。例如：探寻最为经济高效的货运路线；确定最有效的矿产资源开采方法；探索生产线上最具生产力

图四 不同行业应用量子计算的机会

行业		有机会应用量子计算的领域样本
金融服务		**投资组合风险优化和欺诈检测：** 鉴于成千上万的资产具有相互依赖性，量子计算可能有助于确定具有吸引力的投资组合。此外，量子计算技术可用于更有效地鉴别关键欺诈标志。
医疗保健		**蛋白质折叠和药物发现：** 模拟退火是目前用于预测潜在治疗方法效果的一种算法，同时对非不利影响进行优化。量子计算可以取代其中一些技术，且或许在接下来的几年里会有大规模改进，例如改进药物设计，为每位患者提供个性化处方药。
制造业		**供应链和采购：** 供应链优化中存在各种方面的问题，例如采购、生产和配送。随着量子计算的改进，它将从能够解决一次性的场景，如“货架图”或“货车载荷”，演变到大型系统场景，如存储层、区域分布，最终形成全球供应链。
资源		**资产贬值建模和应用系统分布优化：** 如今，根据规则或机器学习模型检查运营实时数据，我们得以鉴别影响可用性的潜在问题。量子计算能够持续提供优化关键系统的建议，以节约成本。同时它可以确定全系统范围内的最优产品生命周期和更新换代情况，以更好地了解其影响，然后逐项分类。
媒体和技术	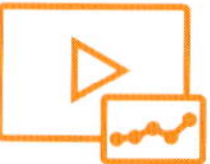	**广告编排和广告收益最大化：** 系统往往是根据每个客户的情况而定制的。这些系统收集了成百上千个关于消费者偏好的属性，这些属性需要映射到产品亲和力，并以图表呈现。最终，对这张图表的优化结果，即是向客户展示何种广告的最佳决定。量子计算机非常适合处理这类问题。

的资源分配方式；研究药品研发方法；找到更好的方法来管控金融投资组合风险。

传统计算机为优化问题、提供高质量的解决方案所需的时间，通常会随问题规模呈指数级增长，但量子计算将以更快的速度提供答案。利用此类技术，企业将会发掘成本节约和创收的机会。

2．抽样问题

这是绝热量子计算机可以执行的另一功能。抽样可以顺利随机生成某些现象的随机样例，而经典计算机却很难有效做到。然而，如果可以控制复杂的量子状态（本身具有概率性），便可更为有效地从这些状态抽样。

3. 机器学习

由于机器学习的基础是抽样和优化方法，所以完善这些技术就可以提高机器学习能力。量子计算机的抽样技术，可以为机器学习算法提供更多可靠的分布式输入数据。

新数据的每次迭代都将有助于人工智能的“学习”。至于量子计算的优化能力，许多机器学习技术归根结底都是具有挑战性的优化问题。例如，某家公司能够用概率来解读具体领域的情况，比如客户行为，通过绝热量子计算机提供的样本获取模型信息，并使用机器学习算法来持续改进模型。

量子计算的商业化发展

随着基础量子计算研究的持续开展，商业上的突破也将指日可待。目前，不少领先公司已经在运用各种技术，制造可供出售或共享使用的量子硬件；有的公司则致力于提供基于云计算的量子计算平台和软件应用程序，以获得量子计算能力。

在硬件方面，D-Wave 是目前唯一的商业绝热量子计算机制造商，自 2010 年以来已发布了三种模型。最近，该公司又发布了拥有 2000 个量子位的新一代量子计算机。[2]

除此之外，谷歌、麻省理工学院林肯实验室和情报高级研究计划署（IARPA）等其他几家公司和机构也致力于研发量子设备。例如，谷歌最近推出了一款有着数字纠错功能的绝热量子计算设备。[3,4] 能更有效地控制噪声。另外，Rigetti 是一家量子计算机初创公司，其目标是在 2017 年年底前生产出复杂的原型芯片。[5]

2016 年，微软发布了量子计算模拟器“微软 LIQUi|>”，这是一种为量子计算设计的软件架构与工具套件。[6] 模拟器是从理论到应用量子测试，并最终制造量子硬件的一个必需步骤。微软还在探索拓扑量子计算，这是实现量子计算的一个具体硬件。IBM 最近也推出了量子位门模型量子计算机，公众可以通过云进行访问。

在软件方面，创业公司正逐渐填补实验研究与企业之间的鸿沟。最值得注意的是，1QBit、QxBranch 和 QCWare 等公司已在软件解决方案中运用量子思维，对当今最具挑战性的一些计算问题展开了全新的研究。

其中，1Qbit 最具创新性。在各种构建量子计算机的方法的推动下，1QBit 创建了一个跨硬件的软件平台，可用来构建多种不同类型的应用程序。这就意味着，即使企业没有任何量子知识，也可以开始利用量子计算技术。

用户使用 1QBit 的平台创建一个问题之后，该软件将进行以下复杂的处理：将问题转换成可被量子处理器识别的形式，然后将问题发送给处理器，再从处理器中检索解决方案，并以经典计算机可识别的形式重构解决方案。

以金融业为例，1QBit 已经在动态投资组合优化、聚类、资产组合分析方面，有着诸多富有成效的实践。

目前软件 API 正在加速采用使用预先开发的算法，它们使企业更容易明确用量子计算机进行测试的问题，对处理能力进行试验，并构建能够在大部分现有量子计算模型上运行的试验性应用程序。

许多知名公司和顶尖大学之间正在形成研究伙伴关系，其中最著名的是谷歌和加州大学圣芭芭拉分校。谷歌研究还与美国国家航空航天局和美国大学空间研究协会（Universities Space Research Association，简称 USRA）联合发起了一项促进机器学习的活动。[7] 此外，量子波基金和量子谷投资等关于量子技术的专项投资基金，也在为该领域的创业公司提供资金。

世界各国政府也在大力推进量子计算计划，例如，澳大利亚、加拿大、美国、欧盟委员会相继或准备在该领域进行投入。

---

2 来源：http://www.dwavesys.com/press-releases/d-wave-systemspreviews-2000-qubit-quantum-system
3 来源：http://dx.doi.org/10.1038/nature17658
4 来源：http://dx.doi.org/10.1038/nature14270
5 来源：https://www.technologyreview.com/s/600711/the-tiny-startupracing-google-to-build-a-quantum-computing-chip/
6 来源：LIQUi|> stands for Language-Integrated Quantum Operations;https://www.microsoft.com/en-us/research/project/languageintegrated-quantum-operations-liqui/; http://stationq.github.io/Liquid/
7 来源：https://en.wikipedia.org/wiki/Quantum_Artificial_Intelligence_Lab

图五 埃森哲：企业应用量子计算计划表

短期计划		长期计划
开始了解量子计算和可利用的工具	1	为业务创建一个量子计算路线图，并在一年内重新评估
确定当今的量子计算机可发挥作用的业务领域	2	派一名（或多名）员工来监控趋势并进行月度报告
测试初始用例	3	除跨硬件接口外，还应构建量子化的应用程序，以使不同类型的量子计算机在演变过程中可以进行无缝切换
创建一个时间表，列出这些用例将如何随着量子计算的发展而扩展	4	

量子计算将改变企业运营方式

毫无疑问，量子革命即将到来。

为了帮助客户深入了解量子计算如何应用于自己的企业，埃森哲正在与客户合作进行量子商业实验。这些实验旨在利用选定的一组预先编程的量子算法来发现可行的量子问题，确定这些算法是否能够有效地取代现有的经典计算做法，并开发一个量子应用程序来演示其功能。

同时，埃森哲技术研究院已经为量子计算识别了许多案例，其目标是鉴别并验证哪些量子算法将超越现有计算方法，并改进结果。帮助那些利用量子技术进行商业实验的企业，应对未来的重大产业变革。

埃森哲建议企业首先可以多了解快速发展的市场，确定量子将对自身业务产生哪些影响，并准备使用量子化的应用程序。使用一系列不断发展的 API 将使企业能够以测试、学习和迭代的方式，更快地部署基于量子的优化、抽样和机器学习试验（见图五）。

在量子开启的未来，量子计算可以从根本上改革企业运营和技术运作的方式。

作者简介

马克·卡雷尔·比亚尔

埃森哲技术研究院全球董事总经理
常驻巴黎
marc.carrel-billiard@accenture.com

卡尔·杜卡茨

埃森哲技术研究院系统与平台研发总监
常驻旧金山
carl.m.dukatz@accenture.com

丹·加里森

埃森哲数字服务董事总经理
常驻底特律
daniel.p.garrison@accenture.com

发现新动能：
中国制造业如何制胜数字经济

吴琪、邱静、余婧 | 文

近年来，我们正目睹“人工智能”的崛起。不同于过往的技术，人工智能对经济增长具有革命性的影响——不仅能够推动全要素生产率的提升，更可成为一种全新的生产要素。

中国制造业突破困局，亟需发现新动能

近年来传统经济增长模式的失速，以及多年来不均衡发展积累的矛盾的爆发，使得作为国民经济支柱的制造业的发展面临重重挑战，营收增长不断放缓，盈利水平停滞乃至下降，传统的增长模式难以为继，对于新动能与新机遇的探寻迫在眉睫。

当下，中国经济正经历由传统经济向数字经济的转型。数字经济所带来的新的理念和商业模式成为新的增长动力，为饱受需求乏力和产能过剩之苦的传统经济带来机遇和希望。制造业企业唯有拥抱数字化，加速企业转型升级，方能应对新常态，提升竞争力，并从数字经济的新模式新机会中得益。

数字化指数模型：对中国制造业企业数字化水平的全面评估

数字经济前景广阔，各国企业都积极将数字化纳入发展议程。但数字化决不仅仅是企业 IT 部门的关注点，而是涉及企业经营活动的各部门，涵盖企业经营管理活动的全链条。

基于这一理念，埃森哲开发了一套完备的量化模型——数字化指数模型（Digital Performance Index），在规划、生产、销售、管理四大核心领域对企业的数字化投资和进展进行量化评估。以上四个核心领域各有三个关键构成要素，代表了企业在该领域价值链上的重要经营环节（见图一）。通过这种多层次的方法可以全面地了解公司在整个经营活

图一　埃森哲数字化指数模型（Digital Performance Index）

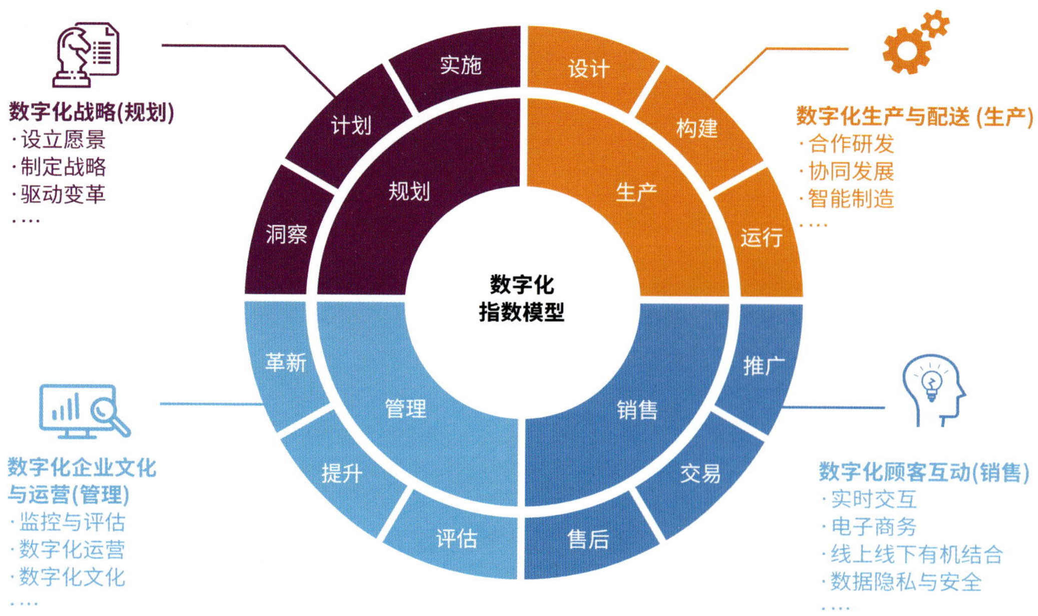

图二　中国企业四大领域的数字化水平（分值范围：1~4 分）

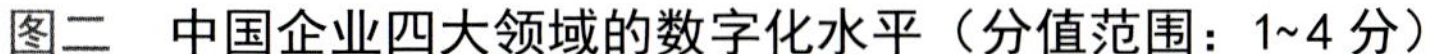

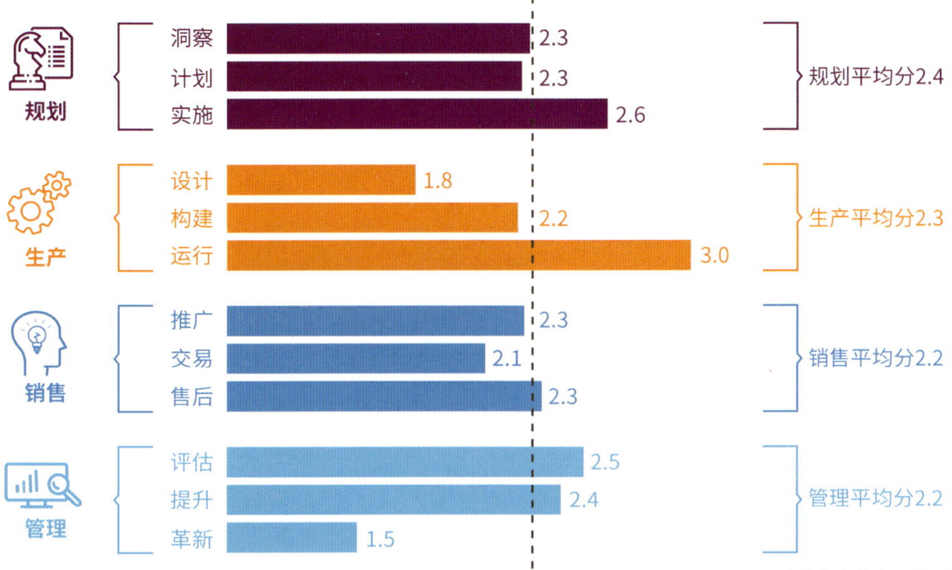

数据来源：埃森哲研究、国家工业信息安全发展研究中心

动中的数字化水平。[1]

借助数字化指数模型，埃森哲与国家工业信息安全发展研究中心（工信部电子一所）合作，根据其多年来积累的企业两化融合数据，[2] 抽样选取了六大制造业行业中 170 家上市企业作为研究样本（详见“附录”），对其数字化情况进行评估和分析。

研究显示，目前中国企业总体数字化水平较低，四大领域的数字化都还有较大提升空间（见图二）。

数据显示，国内企业的数字化主要聚焦在具体的实施层面，但是企业的数字化洞察还有待加强，企业高层领导还需进一步加强将数字技术趋势转化为企业未来愿景和发展战略的能力。

企业在生产领域三个经营环节的数字化得分差异最大。企业对产品 / 服务生产线上的数字化能力建设较为重视。但在设计方面，企业还未能充分利用数字技术推出新产品或新服务。

在销售领域，企业的各个环节数字化水平分数相对比较平稳。可见企业整个销售环节对数字化运用相对均衡，但普遍还处于比较初级的阶段。

相对而言，管理领域的数字化水平最低，是目前企业数字化的短板。尤其是在革新这一经营环节上，数字化水平远远低于平均值。

数字化塑造竞争优势

企业进行数字化投资自然是希望能帮助其提升竞争力，在数字化时代获得领先地位。但事实上数字化能否给企业带来回报尚缺乏翔实的证据。即使已有

1 埃森哲全球数字化指数模型详见附录。

2 基于中国两化融合服务平台，国家工业信息安全发展研究中心和中国两化融合服务联盟已在全国范围内开展了两化融合评估诊断和对标引导。截至 2017 年 7 月，超过 75200 家企业已完成了两化融合评估数据反馈，积累了详实的两化融合数据。

一些数字化项目实施成功的案例（如数字化帮助企业提升生产效率、提高产品品质等），却仍然缺乏强有力的证据证明数字化能切实帮助企业全面提升经营绩效。

数字化是否能帮助企业？在什么情况下能实现？怎么实现？这三大核心问题困扰着诸多企业。为回答以上问题，本研究引入埃森哲卓越绩效企业评估模型（详见附录），对企业的财务绩效进行综合评级。

至此，通过埃森哲数字化指数模型和卓越绩效企业评估模型，每家企业将得到反映其数字化水平和经营绩效的两个分数。通过对这两组数据的分析，我们得以进一步探讨数字化水平和经营绩效之间的关联。

以数字化实现企业经营绩效的突破，需要持续、深入的积累

企业实现数字化运营非一日之功。如图三所示，样本企业的数字化水平小于阈值（2.9）时，经营绩效水平一直在两条紫线之间区域里波动。但当在数字化水平超过阈值时，经营绩效均值展现出大幅提升（比均值高出54%）。

由此可知，数字化实现卓越绩效需要持续、积累的投入，只有当数字化融入企业经营实践的各方面后，才能最终体现为经营绩效的跃升。

成为数字领军者，赢得竞争新优势

为了分析企业数字化水平和绩效之间的关系，我们基于企业在数字化水平和经营绩效水平这两个维度将这170家中国制造业企业分成四组对比分析（见图四）。研究结果表明：只有4%的企业能够兼具数字化投资力度和业务成果的优势，成为数字领军者。

为了进一步探讨数字领军者的成功秘诀，我们进行了深入的组别对比。首先，通过对比数字领军者与传统商业领袖，

图三　各组别数字化水平与经营绩效均值散点图

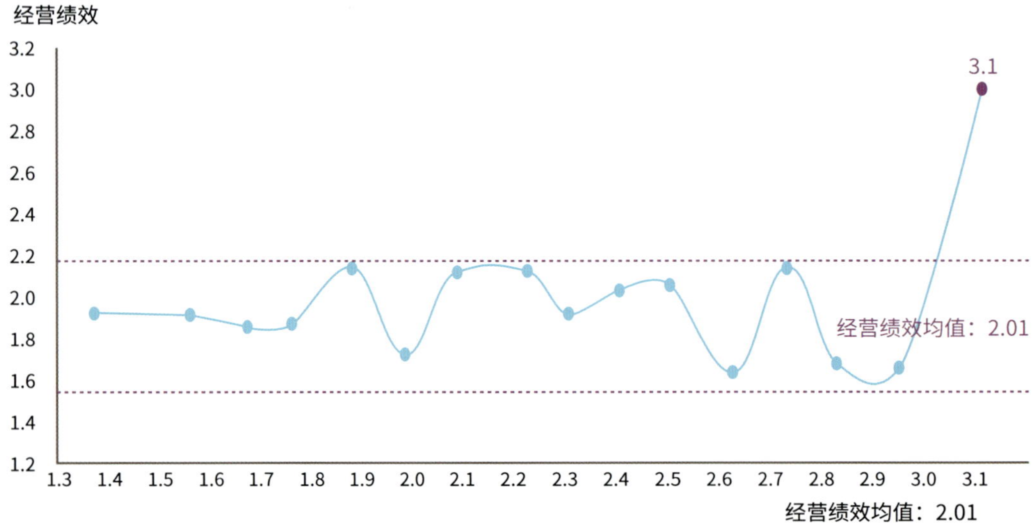

资料来源：埃森哲研究、国家工业信息安全发展研究中心

图四　4% 的企业（数字领军者）兼具数字化投资力度和业务成果的优势

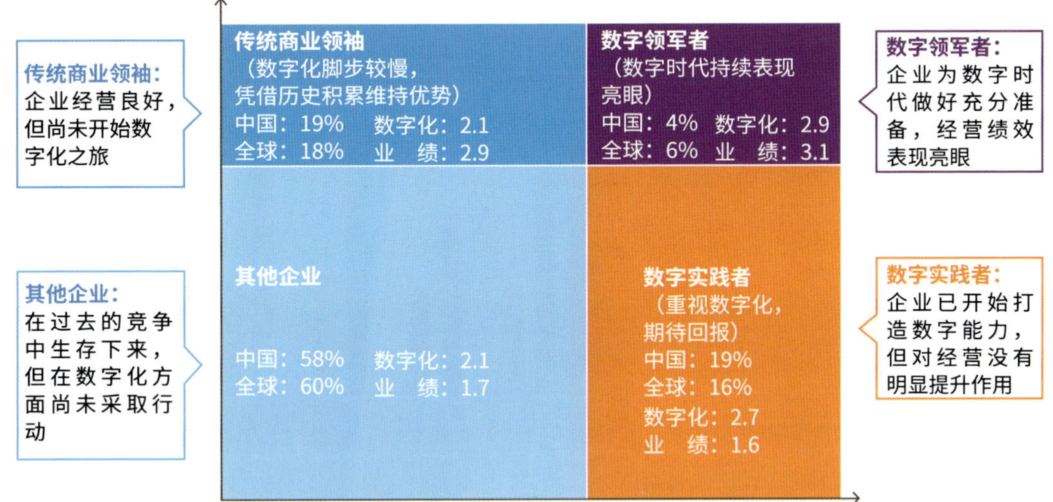

资料来源：埃森哲研究、国家工业信息安全发展研究中心

图五　传统商业领袖在数字化滞后损害了其未来的竞争力

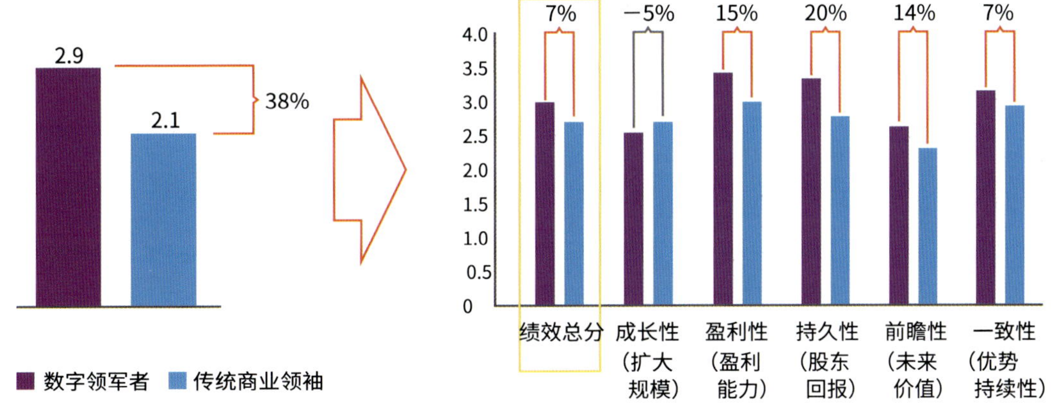

资料来源：埃森哲研究、国家工业信息安全发展研究中心

探讨数字化对传统商业领袖的价值体现在哪里。随后，通过对比数字领军者与数字实践者，分析为何数字领军者的数字化投入能获得更高的财务回报。

数字化是着眼于未来的投资

传统商业领袖的数字化水平远低于数字领军者，差距高达38%，这意味着传统商业领袖仍然依靠原有优势来维持财务实力、暂居市场领先位置。然而对“数字化”的忽视正侵蚀着这类企业的未来。与传统商业领袖相比，数字领军者展现出更加持续、优质的增长，表现在其盈利能力、股东回报、投资者信心以及优势持续性这四大绩效维度上的显著优势（见图五）。

图六　数字实践者缺乏将数字化转化为业绩增长的能力

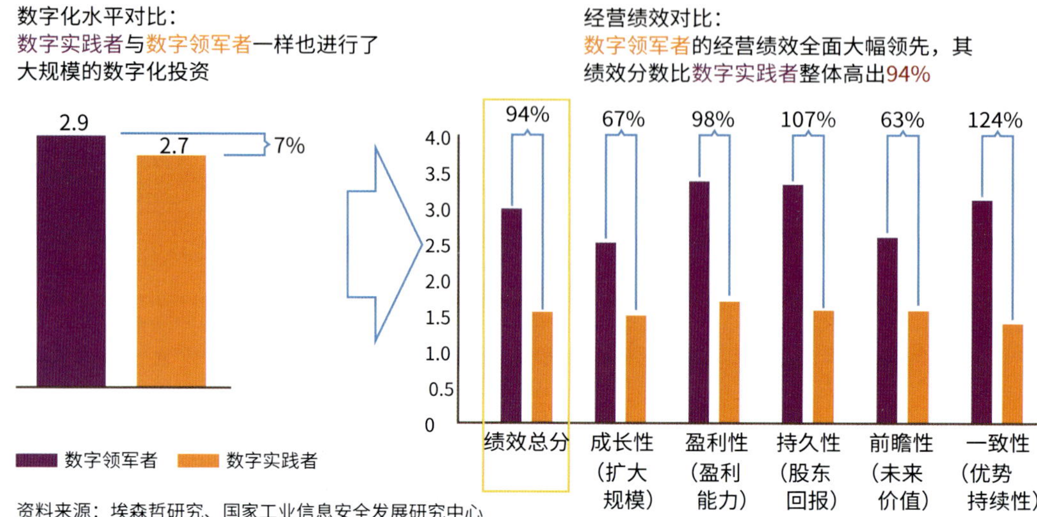

图七　数字实践者与数字领军者的区别：“经营数字化”到“数字化业务”

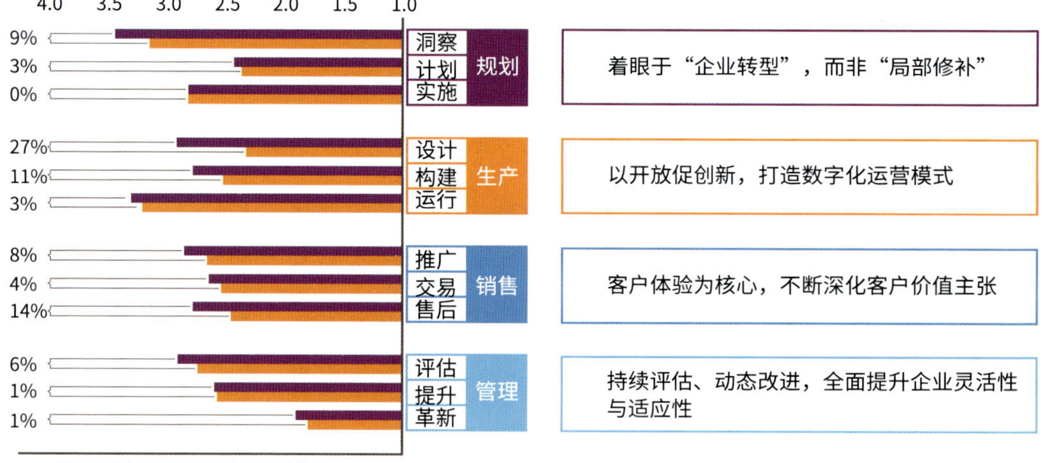

资料来源：埃森哲研究、国家工业信息安全发展研究中心

数字化需要企业更具前瞻性。数字领军者之所以超越传统商业领袖，正是由于他们抓住了数字经济的大趋势，及时适应市场变化，借力数字化实现更加健康持续的增长，而且投资者深信这些企业未来能够持续提升价值，企业的市场领先优势得以巩固甚至不断提升。

这一对比无疑暴露出传统商业领袖未来发展的严峻问题。尽管这类企业在扩大规模方面尚有一定优势，但做大并不等于做强，它们在享受现有业务成果的同时正在牺牲未来的发展空间。

从“改善经营、提升效率”到“推动企业转型、驱动新业务”，发挥数字化更大价值

对比数字领军者和数字实践者可以发现，两者的数字化投入相差不大，但

数字领军者更善于将数字化投入转化为财务回报，其绩效高出数字实践者94%（见图六）。

为何数字领军者的数字化投入回报远超数字实践者？在数字实践者借助数字化优化流程、提升效率的基础上，数字领军者已经向前迈了一步，将数字化置于企业战略高度，持续关注如何利用数字化创造更多价值机遇（见图七）。

规划：着眼于“企业转型”，而非“局部修补”

企业的数字化能走多远、产生多少回报，在很大一部分程度上依赖是否有一个清晰合理的数字化战略。在数字实践者关注用某项或某几项技术来解决运营问题的时候，数字领军者更多着眼于如何借助数字化推动企业转型，把握未来市场先机。

例如，海澜之家向“服务型制造”企业转型背后的重要支撑就是其全面的数字化战略。在前端运用大数据分析动态掌握消费者多样、变化的服装需求，在后端通过高效的数字供应链支撑愈发多元和个性化的产品结构。海澜之家的数字化战略并非着眼于生产运营上的小修小补，而是通过数字化战略实现了“品牌 + 平台”这一轻资产的商业模式，逐步占据产业价值链的制高点。[3]

数字实践者另一不足之处是未能积极融入数字生态系统中。数字化早已改变了价值创造的链条，企业的视野需要从个体扩展到整个生态系统，利用数字化的强大力量，挖掘生态系统中更大的价值。而数字领军者视此为其战略核心，通过产业链上企业之间的信息交互与共享，不断提升自身在生态系统中的不可替代性，并在一定程度上与生态系统中各方协力塑造行业未来。

老板电器在其“智能化”的路上就着重强调数字生态战略，通过智能烹饪系统ROKI，整合第三方美食行业的资源，并与互联网公司在供应链、大数据等方面展开合作。除此之外也在搭建平台，促进和智能厨房、绿色厨房类创业公司的合作，不断扩展智能厨房生态圈，巩固其市场领导地位。[4]

生产：以开放促创新，打造数字化运营模式

数字领军者更善于根据在自身所处的创新生态系统中，识别出最佳的资源，并利用数字化技术将广大的消费者、供应商、合作方、个人专家等资源整合起来，融入自身的创新体系中，从而以更快的速度、更优质的创新为市场提供最佳体验。[5]

美的厨电的实践就充分体现了开放的核心理念。不但在产品研发方面与各类机构合作，在数据方面也与供应商实现共享，与渠道商实现了从产品到大数据的开放，从研发到供应链再到渠道的多重资源共享，不但提升运营效率，更是从产品到服务全面优化消费者体验。

在制造环节，众多企业通过数字化实现了生产运营流程的改善，而数字领军者构建了更加完善的数字运营模式，将数据分析运用到决策和流程中。

海澜之家的优异市场表现很大程度得

---

3 海澜之家打造 " 品牌 + 平台 " 向 " 服务型制造 " 转型升级，服装新闻，2016 年 8 月， http://news.efu.com.cn/newsview-1165169-1.html

4 老板电器开放 ROKI 系统，智能厨房市场刚刚起步，2016 年 4 月，http://www.yicai.com/news/5006517.html

5 苏宁美的剑指 300 亿最大单合作 要做“彼此的第一”，新浪，2017-03-28，http://news.sina.com.cn/c/2017-03-28/doc-ifycsukm4029574.shtml

益于高效的数字化供应链，该供应链模式可通过对门店销售数据的分析，快速调整补单情况，有效减少存货量；对货物资源统筹规划，搭建起多品牌货物统一收发货、物流跟踪及结算管理的管控平台，提升对供应链的管控效率。[6]

销售：客户体验为核心，不断深化客户价值主张

在数字时代，客户体验的优劣决定着企业的生命力。要满足客户不断变化的需求，企业就必须打造一种以客户为导向的新业务体验，和客户保持长期密切的联系。数字化赋予企业与客户持续交互的能力，企业对客户的服务不再止步于产品销售的完成。借助大数据分析，企业得以不断积累客户洞察，为不断提升客户体验打下基础，这正是数字领军者的领先之处。而对比数字领军者与数字实践者，后者尽管也努力借助数字技术加强与消费者的沟通，却集中于售前与产品销售的过程当中。

老板电器就强调要扭转传统家电与消费者之间单薄的一次性购买及服务关系。[7] 其“客户为王”的战略提出：现代化智能制造的目的就是满足客户的个性化定制，智能制造的实现需要对客户和消费者敏锐的洞察力。[8]

管理：持续评估、动态改进，全面提升企业灵活性与适应性

数字化技术潜力巨大，然而其潜力能否被完全释放却依赖于其他的企业能力。数字领军者致力于创造有利于数字化价值实现的“软”环境：领导者更开放的思维方式、更完善的管理体系、推动变革的企业文化。

成功的数字化企业需要灵活的组织架构、数据驱动的企业文化、 数字人才的培养机制等多方面的相辅相成。以坚朗五金为例，为数字经济的来临做好准备，坚朗五金从方方面面对员工进行数字文化的推广，建立 KM 知识管理系统，积累并沉淀来自各部门及业务流程的知识，促进知识分享，建立数字化学习型组织。坚朗还鼓励员工使用移动 OA（整合 CRM+HR）办公，充分利用员工的碎片时间来审批流程 , 开展业务活动。

数字化不是一蹴而就，也不是一劳永逸，需要根据企业所处阶段与现有能力进行持续评估、调整和革新。而高度的灵活性和强大的适应性正是未来数字化企业的重要特征。

释放数字动能，制胜数字经济

数字化绝不是一个技术的故事，更是一个企业转型的故事

数字技术的发展正在驱动商业的改变，数字经济前景巨大。然而企业的数字化却绝不只是一个技术的故事，而应当是一个关于企业转型的故事。忽略数字化的企业在未来数字时代的竞争中将失去其积累的优势，而浑浑噩噩的巨资投入也并不能保证竞争优势的建立和业绩的显著提升。

6 海澜之家电商毛利竟比线下高这么多！它是怎么做到的，搜狐，2017 年 3 月，http://www.sohu.com/a/128722951_467811
7 老板电器以智能化转型稳固高端厨电市场领先地位，中国经营报，2016 年 3 月，http://money.163.com/16/0312/03/BHU7DU6300253B0H.html
8 老板电器智能制造领先业界 背后研发投入“无上限”，21 世纪财经报道，2016 年 9 月，http://www.zhicheng.com/n/20160909/92562_4.html

图八　企业新旧动能的转换需要把握四大要务

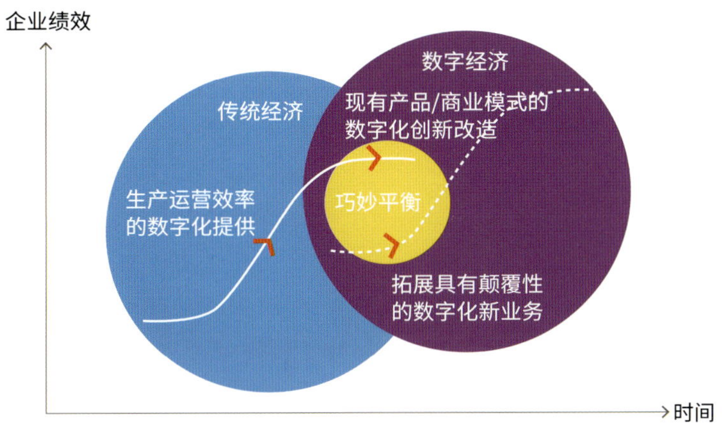

资料来源：埃森哲研究、国家工业信息安全发展研究中心

数字化转型不是企业锦上添花的工程，不能让数字化停留在 IT 部门，而是既需要由企业最高决策者来部署和推动，使之成为企业发展共识，又需要使数字化转型切实地贯穿整个组织和职能，在运营环节落地并予以执行。通过数字化推动核心业务转型以及发展新业务，制造企业方能实现动能切换。

埃森哲的企业数字化转轨模型

做到新旧动能的有效切换绝非易事。企业不仅仅要维持核心业务，或将核心业务作为现金牛，还要明智且主动地推动业务的变革，发掘新业务，进入新领域。要做到“固本”与“创新”双管齐下，企业要关注以下四大要务（见图八）：

• 生产运营效率的数字化提升：利用数字技术提高效率（生产效率、库存周转率、营销效率、管理效率等）、提高核心业务利润水平。

• 现有产品 / 商业模式的数字化创新改造：利用数字技术对现有核心业务进行改造，从而使核心业务迸发出新活力。如在已有产品中融入数字化模块、加入数字化元素，或利用新技术实现新的商业 / 运营模式。

• 拓展具有颠覆性的数字化新业务：企业根据自身创新成熟度，建立新型的创新架构（如创新枢纽、实验室、合作伙伴关系等）和业务组织，根据行业的和技术的颠覆性趋势和机会，培育具有颠覆性的新业务领域，构建新增长动力“引擎”。

• 巧妙平衡：企业需利用数字技术在延续核心业务和发展颠覆性新兴数字业务之间寻找一个平衡点，产生合理的资源分配方案。

企业需要不断摸索掌握转型变革的有效方法，核心业务和新业务不该是泾渭分明的不相关业务。事实上，核心业务和新业务的延续性是企业转型变革中的优先重点。通过革新核心业务并开拓新业务，企业才能平稳有效实现新旧动能的切换，持续实现卓越绩效，制胜数字经济。

附录

埃森哲全球数字化指数模型

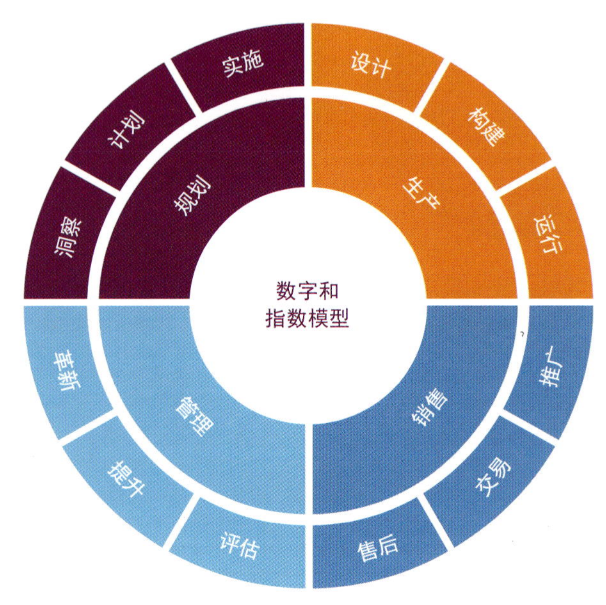

埃森哲全球数字化绩效指数是一个跨行业的评估框架，评估企业在业务流程中四个核心领域的数字化水平：规划、生产、销售、管理。

在这个评估框架下，我们设立了42个的业务活动和117个详细的指标来评估企业数字化水平和四个核心领域的数字化进展。这种多层次的方法可以全面了解公司在整个业务流程中的数字化进程。

1到4的得分反映了公司在同行业中数字化水平的相对位置（1表示显著低于平均水平，4显著高于平均值）。

埃森哲卓越绩效评估模型

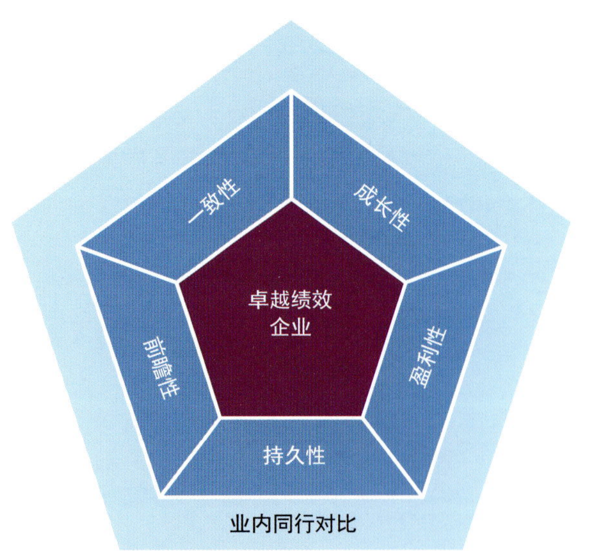

何为卓越绩效企业？

卓越绩效反映的是企业在行业内的领先地位。当且仅当一家企业的多项绩效指标的均值连续数年明显超过业内同行，才算得上是卓越绩效企业。

卓越绩效评估模型由5大维度、14个指标构成：

• 成长性 —— 过去1、3、5年的营收复合增长率， 每项权重为1/3

• 盈利性——过去1、3、5年的投资回报率，每项权重为1/3

• 持久性—— 过去1、3、5年的总股东回报复合增长率，各自占1/3权重

• 前瞻性—— 过去5年中未来价值的变化和水平，每项权重为1/2

• 一致性—— 过去5年中成长性、盈利性和前瞻性高于行业中值的年份占比，每项权重为1/3

本研究样本

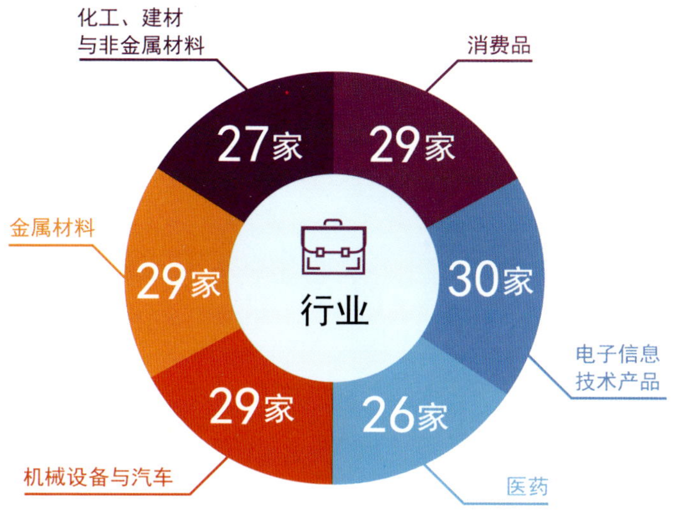

本研究的企业样本必须是上市企业，且必须完成中国两化融合服务联盟自评估问卷。在符合条件的企业里，我们从六大行业抽取170家企业作为研究对象。行业分布见左图。

作者简介

吴琪

埃森哲全球副总裁、大中华区副主席
常驻上海
wu.qi@accenture.com

邱静

埃森哲研究部总监
常驻北京
serena.jing.qiu@accenture.com

余婧

埃森哲研究部研究员
常驻北京
jing.yu@accenture.com

物联网应用服务离我们还有多远？——从试点到规模化应用

吴琪、俞毅 | 文

利用物联网向服务转型并非一蹴而就。要实现规模化应用，企业要根据实际需求，在不断的尝试——反馈——改进的创新螺旋中探索物联网应用的价值所在，并建立自己的“朋友圈”，找准自己的定位。

十多年前，当大家谈起“万物互联”，多是把这看作对未来的憧憬。如今，中国已经计划在2018年实现窄带物联网（NB-IoT）的大规模商用，各个产业的工业云、物联网平台、智能硬件发展的也是如火如荼，万物互联已不再是一个憧憬，而是触手可及的现实。对于中国制造业来说，物联网有着特别的意义。物联网不仅能帮助企业优化生产流程，提高运营效率；更为重要的是借助物联网抓取到的数据，企业得以持续感知客户需求，创新服务模式，为客户提供动态、个性化的智能服务，获得增长新动能，推动企业转型升级（见图一）。

虽然物联网带来的服务能为企业创造许多新价值，但这点并没有完全转化为企业部署物联网解决方案的决心和动力。世界经济论坛（World Economic Forum）一项研究显示，受访的首席高管中有72%确信产业物联网将彻底改变其所在行业，但仅有20%经过深思熟虑后，制定了产业物联网的应用战略。在中国，已经开始试水开展智能服务的先行者，比如智能家居、工业设备的维护服务等，大多数仍然处于小规模的验证阶段，还没有开始大规模的应用；极少数已经开展大规模应用的仍处于投入初期，收到的商业回报也很有限。

面对物联网应用服务为何企业仍踌躇不前

根据埃森哲对中国企业的调研，我

图一 “物联网+” 助力制造业向智能服务转型，获取增长新动能

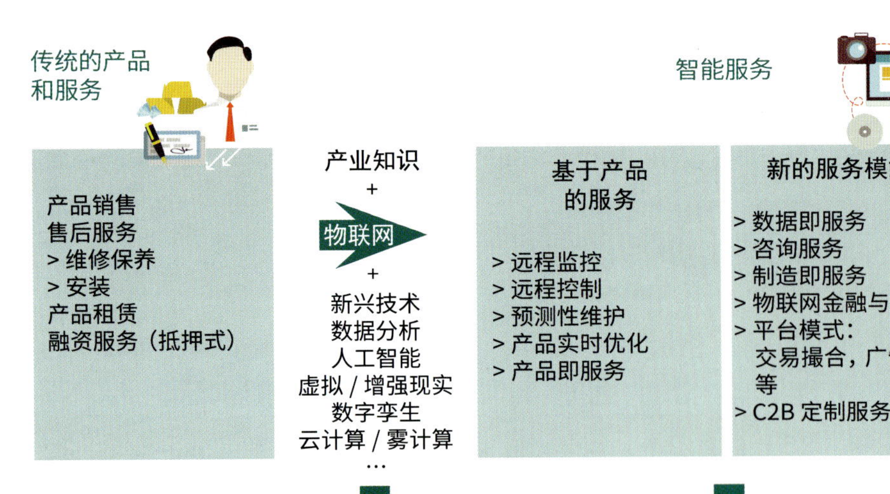

资料来源：埃森哲

们发现，阻碍企业利用物联网开展智能服务的因素来自需求、投资、外部合作和内部组织四方面。

1. 需求不确定性

物联网对业务和运营带来的影响，无论是服务提供应方，还是需求方都在摸索中。需求方对物联网能解决什么问题以及如何解决不甚了了，物联网丰富的应用场景反而令应用企业迷失其中，忘记初衷。而供应方缺乏客户所在行业的经验，其设计出的解决方案和商业模式满足的往往是“伪需求”(这在智能家居领域表现尤甚)，应用效果大打折扣，这也导致客户支付意愿不高。许多厂商只得将智能服务作为产品的附属服务和产品一起打包出售，甚至是赠送给客户。

2. 投资收益不确定性

从产品走向服务模式，往往需要较高的初始投资。开展物联网应用服务需要在技术基础设施、人才招募和培养等方面进行不菲的支出。而智能服务需求的不确定性使供需双方都难以预估投资带来的财务和市场收益，从而降低了投资吸引力。另外，智能服务带来的一些全新商业模式，甚至连投资者也还没有深刻理解其价值和变现逻辑，对这一市场的估值往往沿用互联网、电子商务等领域的投资模型进行分析。因此针对个人消费者的智能产品和服务容易获得投资，而价值更大的企业级服务市场由于经验所限难以评估，受到资本冷遇。

3. 与外部伙伴的合作亟待改善

物联网应用服务的开发和营销需要围绕服务场景，和相关的外部伙伴有着紧密的合作， 特别是对那些有志于建立物联网平台的公司，建立一个紧密合作的生态系统更为关键。在我们的调研中，企业和外部伙伴的合作中仍有不少障碍，比如数据分享、知识产权保护、智能服务的投资与收益共享等。特别是数据分享的安全性，这是合作伙伴最为关切的因素，一些工业云平台就不能提供足够的安全性说服合作伙伴上传数据。如何建立一个好的数据和知识产权保护机制以及价值共享机制来吸引合作伙伴，从而构建一个高效的价值创造网络是开发智能服务的一大挑战。

4. 企业能力准备尚需时日

数字化浪潮汹涌而来，传统行业内的企业没有时间进行充足准备就被席卷其中。企业需要重建自己的能力来适应新经济的发展要求，这主要表现在：对物联网、人工智能等新兴技术缺乏认知和掌握，与行业结合的应用能力有待提升，缺少业务 / 数据分析和 IT/OT 复合型人才，传统多层级管理架构影响了企业的响应速度和敏捷性，内部的数据孤岛，开放、鼓励创新的企业文化的缺失，以产品为中心而非以客户为中心的思维方式，等等。这些因素制约了企业在物联网应用方面的创新力。

从概念验证走向规模应用

利用物联网向服务转型并非一蹴而就。要实现规模化应用，企业要根据实际需求，在不断的尝试——反馈——改进的创新螺旋中探索物联网应用的价值所在，从概念验证逐步走向规模化应用（见

图二　在价值螺旋中探寻智能服务的价值所在

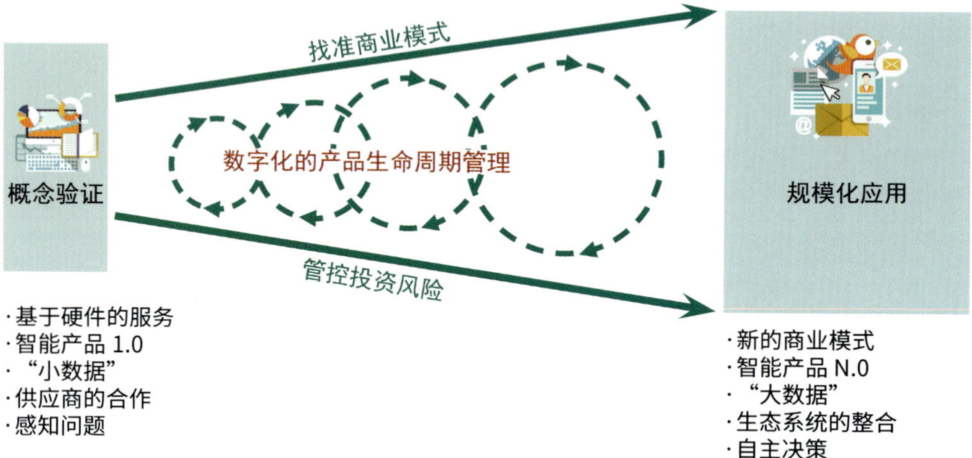

·基于硬件的服务
·智能产品 1.0
·"小数据"
·供应商的合作
·感知问题

·新的商业模式
·智能产品 N.0
·"大数据"
·生态系统的整合
·自主决策

图二）。

在这个过程中，企业需要把握好以下几点关键因素：

建立自己的"朋友圈"
找准自己的定位

传统的制造业提供产品主要考虑的因素是产品功能、质量和成本，是产品思维。而提供基于物联网的服务，则要基于服务场景，着眼于建立自己的"朋友圈"，与他们共同合作，一起为客户提供服务，是系统思维。

以农业机械公司约翰迪尔（John Deer）为例，该公司为农场主提供的设备安装了传感器，并将收集到的设备数据和气象、土壤、种子等数据结合在一起，利用分析技术挖掘出其中的洞察，帮助农场主做出更为科学的农耕决策。在这个过程中，约翰迪尔整合了来自不同产业领域的数据和知识，并通过约翰迪尔的 myJohndeer 平台提供的 API 接口，和外部开发者一起开发使用这些数据（见图三、图四）。

物联网产业的"朋友圈"包含了多个角色，这些角色相互协作，共同进化。

所有通过传感器、网络从物理世界中收集数据的企业都是数据制造者，他们来自不同产业，有着自己独特的数据。电信运营商、传感器提供商、芯片提供商等系统部署使能者通过提供物联网技术、产品和系统实施服务，推动了物联网低成本和大规模的应用；应用开发商、数据分析和人工智能技术提供商等应用开发使能者将物联网采集到的数据变为各个产业中的实际应用；阿里云、普奥云等物联网平台提供者则为"朋友圈"提供了"聚会"场所。

应用者来自不同产业，他们则在朋友们的支持下，结合自身的产业知识和来自不同产业的数据，使用物联网提升效率，改善产品体验，提供创新服务。

这些角色在"物联网 +"的发展中承担不同职责，企业承担的角色也将变化、叠加、融合。例如应用者利用应用开发使

图三　生态系统思维，而非产品思维

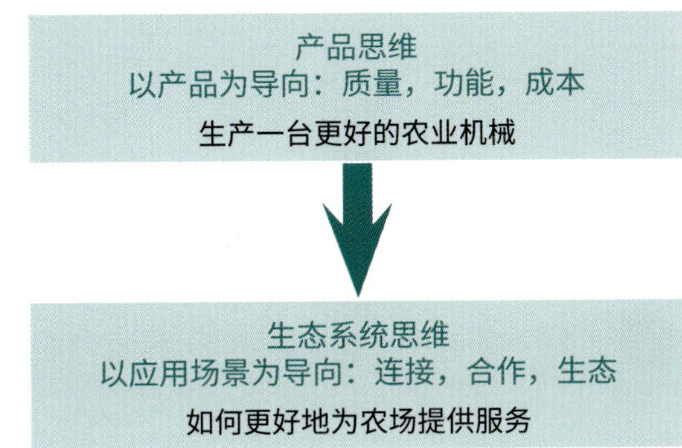

图四　农机生产商约翰迪尔的农业管理服务

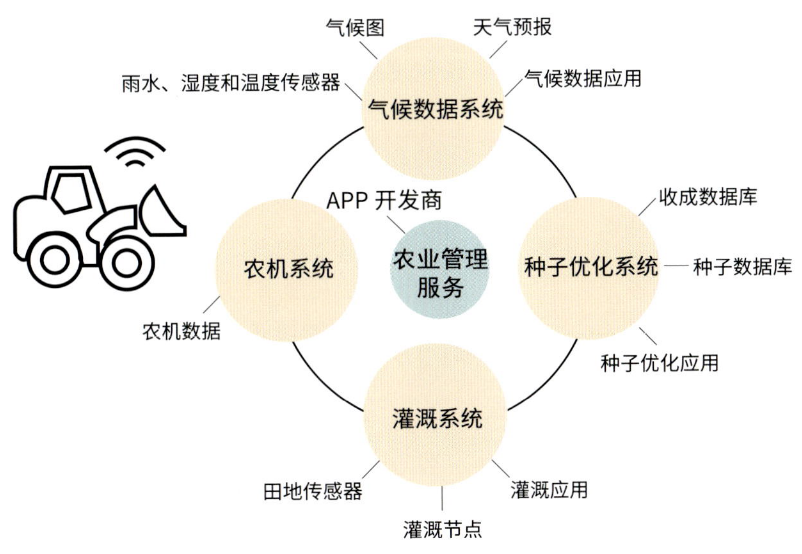

本图参考了《哈佛商业评论》中《物联网时代企业竞争战略》一文。

能者提供的服务提升自身生产运营效率，开发出新服务，在积累了丰富的应用经验后，也可以向应用开发使能者的角色进军。

又如物联网平台商可以连接其他角色、整合资源并提供更加专业的管理和运营服务，如连接管理、物联网设备管理、物联网应用软件开发、数据集市等等。海尔的工业互联网平台 COSMO 除了提供海尔互联工厂的解决方案外，还能快速聚合全球资源构建知识智慧服务、共享集约服务、大数据服务等领域的产品，并实现了企业、资源、创客之间的互联互通，每一个需求都可以通过平台来快速配置资源，实现产销合一。

在产业的演进过程中，各角色的潜在价值也在动态变化。认清这一特点，将有助于企业在物联网应用服务发展中制定前瞻性战略，灵活调整角色定位，并提前进行能力准备，以保持企业的长期竞争力（见图五）。

图五 各角色在物联网产业演化的不同阶段发挥着不同的影响力

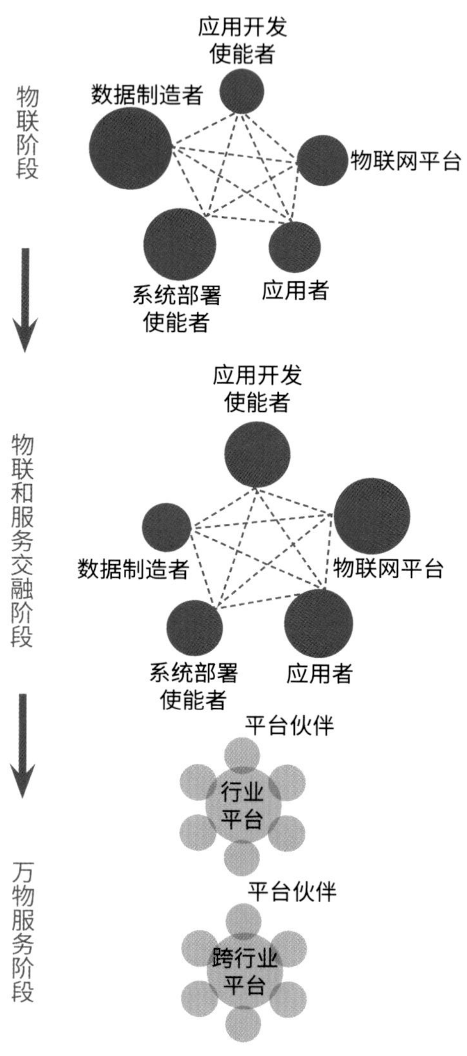

注：大的圆圈表示发挥更重要的作用

在物联阶段，万物互联刚刚起步，系统部署设施使能者和物联网平台在物联的过程中发挥着重要作用，数据的价值开始为人重视，企业把数据的采集和处理放在重中之重。物联网应用价值主要体现在孤岛式的企业内部效率提升和成本节约上，价值有限。

在物联和服务交融阶段，随着物联进一步加强，物联网的应用价值逐渐被挖掘出来，从效率提升延伸到提供服务。和应用相关的应用者和应用开发使能者的角色凸显出来，而物联网平台商起的作用不仅是连接和汇集数据，还能起到汇聚“物联网 +”相关资源的作用，推动物联网应用服务的发展。

在万物服务阶段，万物互联基本完成，物理世界与数字世界紧密地连接在一起。一切都可以“服务”的形式提供给客户，并给客户带来高度个性化的体验。经过市场竞争、兼并和淘汰，市场竞争格局趋于稳定，并形成了行业巨头和跨行业的巨头。平台型企业更有可能成为这样的巨头。其他企业在围绕这些平台的生态圈中找到自己的生存空间。生态圈中的所有参与者共同推动产业发展。

管控好螺旋式发展过程

企业探索基于物联网的智能服务是不断迭代的螺旋上升过程。在这个过程中，数据量、合作伙伴、应用场景都会逐步丰富起来，螺旋体量会逐渐变大，源于服务的收入也会水涨船高。在这个

图六 数字产品生命周期管理网络

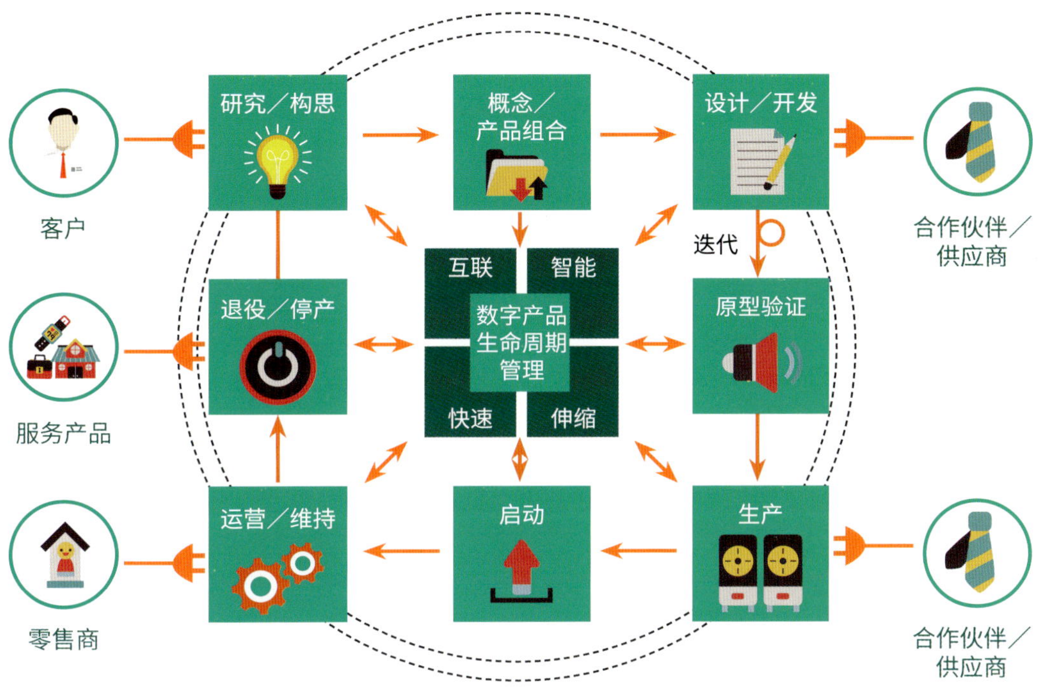

价值螺旋中，企业需要步步为营，寻找合适的商业模式实现变现，同时管控好投资风险，而螺旋式的迭代过程对企业传统的产品和服务开发流程也提出了新的挑战。

数字生命周期管理

在探索智能服务价值的价值螺旋过程中，作为服务的载体，智能产品的开发会碰到新的挑战。首先智能产品和服务需要快速迭代，这意味着开发周期变短，对市场的反应要更快。其次，由于硬件的开发周期要慢于软件的开发周期（服务通常是以软件的形式交付的），造成软硬件开发周期不匹配。以汽车行业为例，核心部件的开发周期为 7 ～ 10 年，而软件的开发周期是 2 年，且通常每 6 个月就会更新。再者，服务能为客户带来更具个性化的体验，而这种个性化体验会让产品和服务的配置更为复杂。因此，企业原有的产品开发模式是不足以应对这些挑战的，企业需要全新的数字化产品生命管理周期模式。

何为数字化产品生命周期管理？总的来说，就是利用互联数据技术的优势，创建出有效的产品开发价值网络，该网络能循环处理数据，与旧式的产品生命周期管理运作模式——从创意产生到产品报废的线性模式截然不同。数字化产品生命周期管理具有以下特点（见图六）：

快速。企业不同部门之间的响应时间压缩到最短。比如，通过社交网络或者众包等渠道可感知出市场需求变化，而研发应在很短的时间内对这些变化做出应对：或改变产品特性，或改变产品外观。要提升灵活性，技术发挥着关键作用，例如运用高性能计算，可大大加快设计与验证的周期；利用3D打印，快速构建智能产品原型。

可伸缩。可伸缩性指既能迅速发现需求并加以满足，又能在需求降低时，以最低损失做出相应缩减；另外，可伸缩性还包括以低成本提高产品开发效率。例如，美国工业巨头通用电气通过数字化和产品生命周期管理（PLM）流程将其喷气发动机支架的设计众包出去，成功将其重量减轻了80%；汽车制造商和工业设备制造商已经使用高性能计算技术来评估海量的传动装置设计选项，从而大幅减少物理原型机的制作数量。快速发布多种产品，企业所有相关部门必须保持高度统一，确保数据在各部门间畅通无阻。

智能。首先，企业需运用有力的分析工具，筛选出符合市场需求的具体产品或服务。其次，产品需配有智能软件，可报告使用趋势、个体需求或偏好，以便研发团队做出应对；而且有了智能软件，持续的产品再造、重构、个性化客户体验，以及实时自适应才有望实现。

再者，高度互联且智能化的产品生命周期管理可从生态系统伙伴那里吸纳服务，并将其融入自身产品和服务，更好地满足客户需求。如苹果等高科技公司已合并应用程序生命周期管理（ALM）和产品生命周期管理的软件。

互联。整个产品生命周期管理方案都应实现互联互通。产品生命周期管理包含许多阶段：创意、概念、设计、样机、验证、制造、实际使用和售后支持，以及最终的产品报废。这些阶段最好由统一、顺畅、完整的信息和数据流来相互连接。这种连接，不光是指企业内部，而且要包括外部供应商、合作伙伴、转包商和客户，这样才能最大限度地利用好组织和外部生态伙伴的能力。

探寻合适的商业模式

我们调研发现，企业在开发物联网应用服务时的一大挑战是如何变现，而目前客户不太愿意为服务买单。现在提供服务的企业更多是把其作为现有产品的增值服务，希望能提高现有产品对客户的吸引力；或者即使是提供了服务，客户规模还远不到盈利点。要实现规模化应用，企业需要找到合适的商业模式。

满足客户的真实需求

要找到合适的商业模式，一定要触及客户的真实痛点。目前的一些物联网应用服务满足的往往是“伪需求”，客户自然不愿为此买单。例如在智能家居领域，大部分的智能家居的功能就是利用手机APP进行灯光控制、家电控制、安防控制，这些功能需求并没有给用户带来更多好处，相反可能由于使用习惯的改变，给用户造成困扰和麻烦。

而亚马逊一款搭载智能语音助手Alexa的智能音箱——Amazon Echo则是相当成功。Echo集合了许多服务，涵盖了消费者在日常家居生活的多个服务场景，比如播放流媒体音乐，朗读Kindle电子书，控制家里的照明、门锁和空调，上网购物，连接 Uber、Twitter 和彭博社新闻等应用，而且相对于拿出平板电脑或智能手机进行操作，其低延时语音操作这种自然交互的方式让客户体验更佳。

“一切智能硬件的定义，都要从用户生活当中的真实需求出发，而不是从技术层面出发，从工程师层面出发，设立一个高大上、带 APP 但没有太多实用性的产品。”——国内某物联网平台 CEO [1]

运用设计思维

在探寻商业模式的过程中，设计思维是很好的一种方法。设计思维以客户为中心的一系列工具、方法和理念，将用户的需求，企业的商业需求和技术的上可行性很好地结合在一起，是创意思维和分析思维相结合的产物。以客户为中心不仅仅是了解 What（客户想要什么）和 How（如何实现），更重要的是 Why（客户为什么这么想），而只有更进一步了解客户的动机和偏好，才能找到客户真正的痛点。

在设计过程中，产品和服务的设计过程应由跨团队共同碰撞、讨论完成；过程中采取共创模式，鼓励引入专家和用户直接参与设计。用户调研也不只是一次性调研，而是要持续地了解用户需求，研发中的每个步骤会快速完成并投入市场让用户进行检验，从而快速总结经验、提升认知，进入下一次迭代，进而持续改进产品和服务。

这种迭代创新的方式，不仅能帮助企业缩减新产品、新服务的上市周期，又能保证企业根据市场需求灵活调整创

图七 运用设计思维，挖掘服务的商业价值

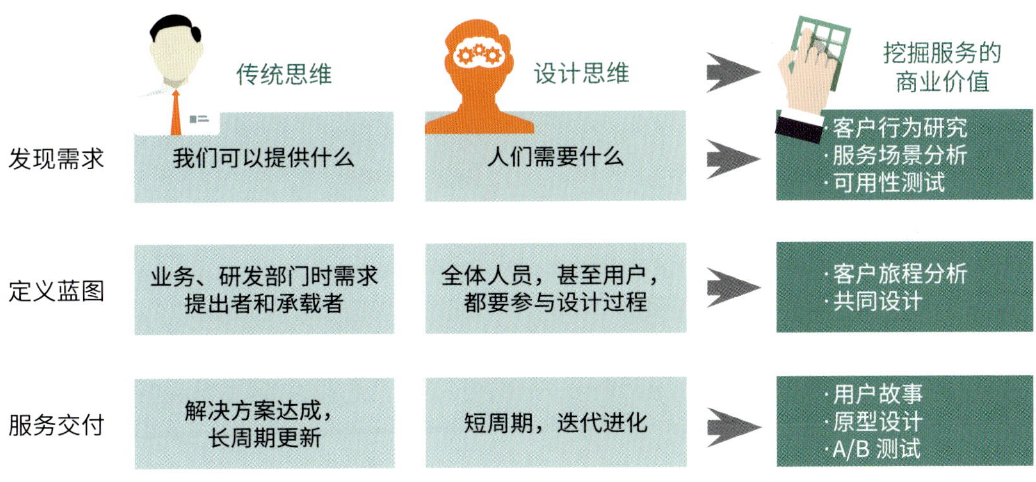

1 警惕智能硬件的伪需求 http://tech.qq.com/a/20151125/067341.htm.

新方向。以上述亚马逊智能音箱为例，其在推出之前做了大量应用和场景测试，并根据用户反馈，不断扩展其功能、兼容各种智能家居标准，最终在市场中脱颖而出。仅在 2016 年，其软件应用从 135 个发展到 7,000 多个，并先后发布了 DOT 第一代和第二代，白色 Echo，Tap 四种硬件。[2]

要实现“设计思维”，第一步需要转换思考角度，理解分析“用户是谁”“用户想要什么”，发现有价值的设计机会在哪里；第二步结合技术的可实现性，筛选可以被技术解决的机会，并构建出未来的产品蓝图；第三步基于实现的需求，做出分步规划，从框架到细节逐步交付（见图七）。[3]

管理投资风险

提供基于物联网的智能服务，前期的软硬件、人才的投资较大；而且由于迈向盈利的价值螺旋是个不断探索的过程，需要相当长的时间，有着相当的投资风险。

根据思科的调查，只有 26% 的公司的物联网方案获得了成功。而制造业中大部分企业的净利润率都是个位数（2016 中国制造业企业 500 强平均收入利润率为 2.18%，平均资产利润率为 1.97% [4]），他们很难有足够的资金对新业务做大规模的投入，对风险的承受能力也有限。此外，旧的业务仍然在产生现金流，旧的系统仍然比较好用，冒着风险用新业务去替代旧业务，用新系统去替代旧系统，有可能会得不偿失。

多速驱动

因此，在向服务转型的过程中，企业需要两条腿走路：立足于现有业务，同时探索新业务。对待不同的业务形态，企业可以采用多速业务规划模式来管理企业的转型。

针对传统的成熟业务的改造，比如将现有产品改造成智能产品，提供基于产品的服务，企业可以采取以年为单位的规划周期，并可利用利润进行再投资，或者是小额的战略性投资。而全新的物联网应用服务，可以采用创新的数字化管理理念，将规划、执行、修正做成以月为单位的管理方式，以更快的速度进行迭代。

由于物联网相关的软硬件成本在不断降低，开发速度越来越快，这使得敏捷部署、快速迭代成为可能，企业投入的成本也可以控制在可承受的范围之内。对待不同的业务形态，企业需要准确把握投资的时机、力度和方向，动态管理原有业务 / 新业务的投资流程及资金分配。

对于新业务，企业也可以用企业风投的方式或成立新业务部门的方式和原有部门做隔离，减少对原有业务的影响和冲突，从而控制风险。比如英特尔

2 亚马逊 Echo 发家史 http://www.sohu.com/a/163170830_114778.
3 埃森哲《展望》2017 年第 2 期《从“外在美”到“内在美”——设计思维成就价值创新》。
4 2016 中国制造业企业 500 强发布 门槛下降 3.95%。
http://inance.sina.com.cn/meeting/20160827/doc-ifxvixeq0574453.shtml.

就通过旗下风投资本集团Intel Capital投资物联网业务，通用电气成立了GE Digital统揽和数字化有关的业务。

合作共赢

在充满不确定性和复杂性的产业中，推动产业的发展往往要靠企业联合起来，特别是龙头企业之间的合作，德国“工业4.0”就是由德国工程院、弗劳恩霍夫协会、西门子和博世等龙头企业等联合发起的，工作组成员也是由产、学、研、用多方代表组成的。

物联网产业也不例外，而且，由于物联网服务中的许多场景相当碎片化，需要多个企业的合作才能完成，共同投资、资源互补、共享收益是平抑投资风险很好的方式。

例如在车联网领域，上汽集团与阿里云在2015年，共同投资设立10亿元的“互联网汽车基金”，并组建合资公司斑马汽车，正式开始“跑在互联网上的汽车”的落地计划。上汽发挥其在汽车领域的特长，而阿里则发挥其在云、操作系统和生态系统方面的优势，取得了不错的成绩。

与过去十多年互联网所带来的效益相比，物联网与各个产业的结合将释放出更大的红利。而能率先分享这些红利的一定是在迈向物联网应用服务的道路上敢于尝新，不断探索的企业。我们期待中国的制造业能借助物联网这根数字杠杆更上一层楼，从制造大国迈向制造强国。

作者简介

吴琪

埃森哲全球副总裁、大中华区副主席
常驻上海
wu.qi@accenture.com

俞毅

埃森哲数字服务大中华区总裁
常驻上海
yi.y.yu@accenture.com

民营企业如何突破转型盲区？

宋妩、郭嘉祺、付莹 | 文

不少民营企业徘徊在转型的十字路口，关门落败收场者也不鲜见。如何在转型中避免雷区，打破“转型找死”“不转型等死”的僵局呢？

CHANGE
MODIFY
EW
SITION
ANSF
ANNUAL PLANS

“转型是找死，不转型是等死。”如今，越来越多的民营企业老板喜欢引用这句话。

不可否认，成功转型是企业持久发展的灵魂，是企业长寿的基因。自1892年成立，起起伏伏125年的通用电气（GE），其每一步的发展都和转型密不可分。从剥离家电和金融业务，聚焦自身优势领域，到借助“智慧城市”浪潮，实现产业升级，GE的转型之路虽坎坷却步履坚定。

回归中国民营企业，其中也不乏佼佼者：美的（49年），华为（30年）、平安（29年）等。其中，美的位居千亿却居安思危，摆脱“大规模低成本模式”，转型为“产品领先，效益驱动，全球经营”的三核驱动型企业。尽管在转型前期饱受质疑和猜测，但凭借其前瞻的市场决策，不断完善组织事业部，以及坚定有效的执行，其转型实践已成为业内范本。

但更多的民营企业，却仍旧徘徊在转型的十字路口，关门落败收场者也不鲜见。如何在转型中避免雷区，打破“转型找死”“不转型等死”的僵局呢？

找到转型盲区！

企业转型的三大盲区

企业的转型盲区通常分为两类，主要聚焦在企业能力层面的短板：

一类盲区是“我知道，但做不好”，即企业家已经意识到这些短板，但在转型过程中并没有重视且正确对待；另一类盲区是“我不知道，也没做好”，即企业家没有意识到存在的短板，因此更谈不上对策和执行了。

为了解企业在转型过程中的盲区，埃森哲对100位拥有民营企业转型经验的中高层管理人员进行了问卷调查，这些调查对象平均拥有8年的民营企业管理经验，且均亲身经历过转型变革。

调研方法说明

问卷设计方法：根据埃森哲全球企业转型能力框架问卷进行筛选，最终定义21个问题，分别让调查人员对指标重要性评分和对自身转型过程中的实际表现进行评分。重要性与实际执行的差距对比（即重要性评分减去实际表现的自评分）是我们要分析的重要区域，差距较大即我们认为的盲区。问卷按照1～5级评分，1分为与公认的良好对策有很大差距；5分为与良好对策基本一致。

根据问卷结果，得到在转型过程中最重要的6个因子，分别是转型评估，领导团队，价值实现，组织与人员，战略协同以及沟通与规范。具体对应的指标描述如图一所示。

通过统计和分析，埃森哲看到这6个重要因子中差异最大的3项分别是：转型评估（0.32）、组织与人员（0.32）和领导团队（0.28）（见图二）。

针对调研结果，埃森哲又进一步走访了12位拥有丰富民企转型经验的实践者，受访者平均拥有12年以上的民营企业管理经验，至少经历过3次大型的民营企业转型。通过访谈，汇总出民营企业在转型升级过程中常见的三大盲区：

第一，决策盲区（领导团队）——过于短视

具体表现在民营企业家过分关注短期收益，所以，在一些重大转型升级举措面前，很难投入足够的时间和精力。在短期和长期利益的博弈中，企业的转型初衷难以维系。

图一　转型重要因子

转型评估

·识别并建立评估公司转型效果的关键指标

·建立或更新与转型战略相适配的管理／管控机制，能使用工具或系统持续评估转型效果，及时调整转型的节奏和方案

价值实现

·有清晰、明确的转型价值目标，并与转型过程中的管理指标关联

·在转型过程中持续对标初期设立的“转型商业案例（Business Case）”

战略协同

·业务运营模式发展升级路径能与公司转型战略目标保持一致

·中短期业务绩效指标与公司转型发展的长远目标有清晰的关联

领导团队

·领导团队对战略转型目标认识一致并对转型结果负责

·领导团队在转型过程中付诸行动，并起到表率作用

组织与人员

·识别公司转型所涉及的组织和关键人员，为组织和关键人员设置清晰的汇报、沟通和决策机制

·识别与公司战略转型相匹配的组织和岗位“新核心能力”，并提供必要培训

沟通与规范

·传达已设定的公司转型愿景，形成自上而下一致的认识

·倾听转型过程中的不同意见，并能及时采取改进措施

资料来源：埃森哲分析

图二　转型重要性及差距分析

重要性和实际做法的差异对比

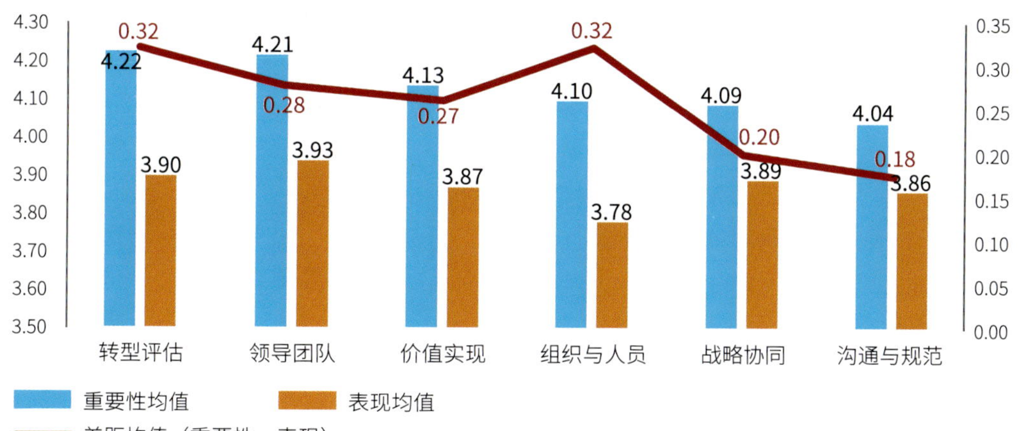

资料来源：埃森哲调研

某位受访高层如下概括：“我们一直都说居安思危，而中国的民企往往在危难的时候才想到去布局，造成了短视。在‘安’的情况下去布局，才不会有急躁、急于求成的心态”。

那具体应该怎么做呢？他说：“我们理解民营企业为什么注重短期利益，利润是民企的根。调整民营企业家的目标，不断强调转变和转型，不是直白地讲道理，而是要扩展视野，去看国际企业的做法。场景是潜移默化的教育，通过转型路径让他看到未来的可能性，才能高瞻远瞩，做出正确决策。”

第二，执行盲区（转型评估）——缺乏系统思考和统一规划

通常表现为绩效指标导向不利于转

型。很多情况下，战略的实施更多来自民营企业家的“一腔热血”，缺乏对整个转型过程关键绩效指标的思考和统一筹划，以致转型目标无法层层贯彻，从而无法建立愿景与执行之间的统一绩效联系。

“转型做得好不好”，“转型还有哪些要提高”都无法得到明确量化。一位受访者说：“转型不仅仅是定义目标，更重要的是执行，要不断确保目标和执行的一致性”。另一位受访者说：“执行力如果不跟个人、团队绩效挂钩，很多都是空喊口号。”有受访者提出应对策略：“KPI应该成为企业管理的常态，改革没有星期天，转型永远在路上，要将转型融入每一天的工作执行中。”

第三，组织盲区（组织与人员）——员工能力不足

表现为组织和人员能力存在缺口，无法支撑战略的实现。一个受访者如下概括：“很多企业转型路径没问题，但不够重视员工长期的职业发展技能，缺乏人才培养体系，以致有战略，但没有能够胜任的人”。

“组织和人员的能力匹配非常重要，很多企业文化对员工的能力差距不够包容，希望一天之内就达到未来设置的标准。而没有通过一个合理的方式，让员工度过一个试运行阶段。”其中一位受访者说道。

如何平衡长期和短期利益?

由于民营企业对短期销量、增长的看重，导致企业家容易忽视转型长期的利益，进入决策盲区。那么，如何解决以上丢了西瓜，捡了芝麻的问题呢？埃森哲认为，企业应从以下四个方面着手：

第一，转型目标及价值

企业为什么要转型？目的是什么？是因为转型符合发展方向，还是因为竞争对手先行一步？转型是经过了深思熟虑还是一时兴起？埃森哲倡导：企业应该对转型目标和价值进行深入洞察，不仅结合外部趋势和内部问题诊断，更要根据企业未来的战略定位确立转型目标。

B企业希望埃森哲帮助其完成数字化转型，当被问及数字化对企业的意义和价值时，创始人回答：“数字化必须做，大家都在做，我们不能落后。”可见，没有经过反复推敲的转型目标往往容易脱离业务战略，发挥不了作用。尽管越来越多的民营企业着力战略规划并将转型与之紧密结合，但转型中的盲区仍频频发生，究其原因是之后的三类洞察没有跟上。

第二，转型路径

缺乏转型路径会使转型工作走向两个极端：

一是管理层缺乏转型全局观和决策章法，转型节奏凌乱且缓慢；另一个极端是，管理层想法各异，指令多元，轻则不欢而散，重则利益博弈，转型也被消耗其中。

埃森哲在之后与B企业深入合作时，发现开展了大半年的转型工作停滞不前，仔细分析后发现，该企业整体数字化转型下的子项目繁多，大家各自为政，力气没有使在一处。

埃森哲团队随即帮助该企业梳理了各个子项目模块，并根据优先级、重要性和就绪度进行排序（见图三），同时根据目前系统能力、业务能力和服务能力的成熟度，最终规划出一条三年的转型

图三　转型子项目优先级排序示意图

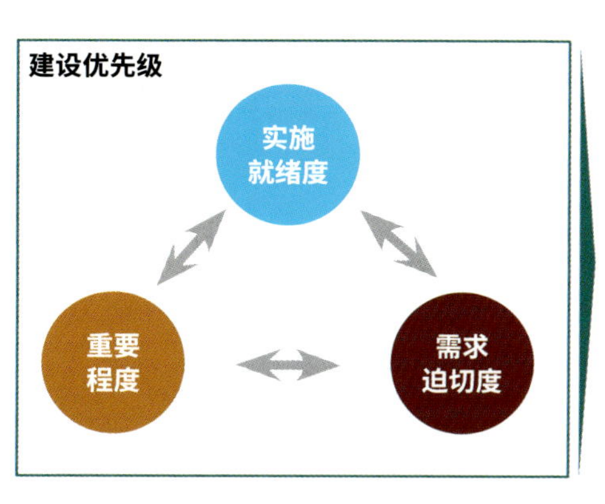

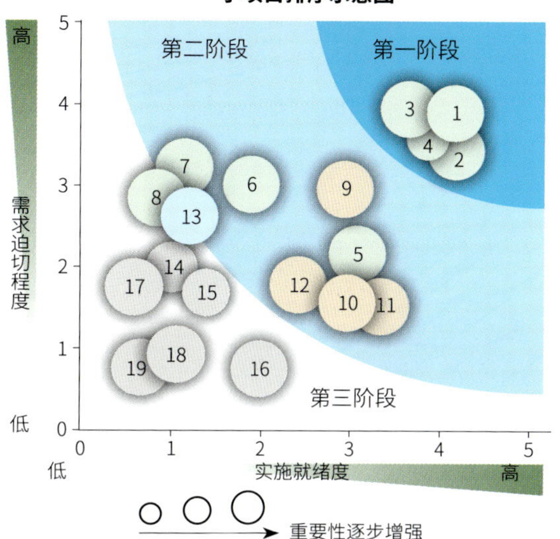

资料来源：埃森哲分析

路径。根据这条路径，部分子模块被暂缓，另一部分重要的模块，则进行资源重配，加速展开。一个月后，就发现整体进度明显提升，各子项目经理也更加明确自己的任务和计划。

第三，速赢机遇

如果没有在路径中定位出速赢的机会，那么转型也会因为决策者失去信心而失败。

传统民营企业管理者更偏重于追求销量和利润数字，这造就了民企在短时间内崛起的同时，也埋下了忽略长期发展的隐患。如果没有在短时间内看到转型效果，民企管理者就无法承受转型带来的负面影响，从而终止转型。对于转型过程中速赢机会的洞察，几乎决定了转型本身能存活多久。

通过定位转型中的重要机会点或项目模块，再逐个对其进行收益程度（即对销量、利润类业务指标的贡献程度）和风险程度（即对业务指标带来负面影响的大小）的评估，企业可以在转型时间轴上标注出速赢机会，同时将其与高风险模块进行组合，互相对冲风险。

这样在定期展示效果和收益的同时，也平衡了长短期利益，让管理者不再误入“短视”盲区，对转型充满信心。需要注意的是，转型路径和速赢机会的洞察应当结合起来，使路径的设计更为有效。

第四，转型领导力

那么，是不是有了目标价值、转型路径和速赢机会，洞察决策盲区就迎刃而解了呢，不一定！变量还在于领导力。

做决策的，是一个个企业管理层个体，落实决策的，则是企业中层管理者，如果转型领导力不匹配，转型决策盲区仍然可能出现。

在转型中，需要领导者敢于引领变革，并对结果负责，同时帮助团队进行意识和行为的转变。埃森哲将这一转型领导力称为教练型领导力，即将领导技能、业务发展和行为变革三位合一，通过性格领导力图谱（Personality Leadership Profile，简称 PLP）评估方法可以洞察

图四 教练型领导力发展方法

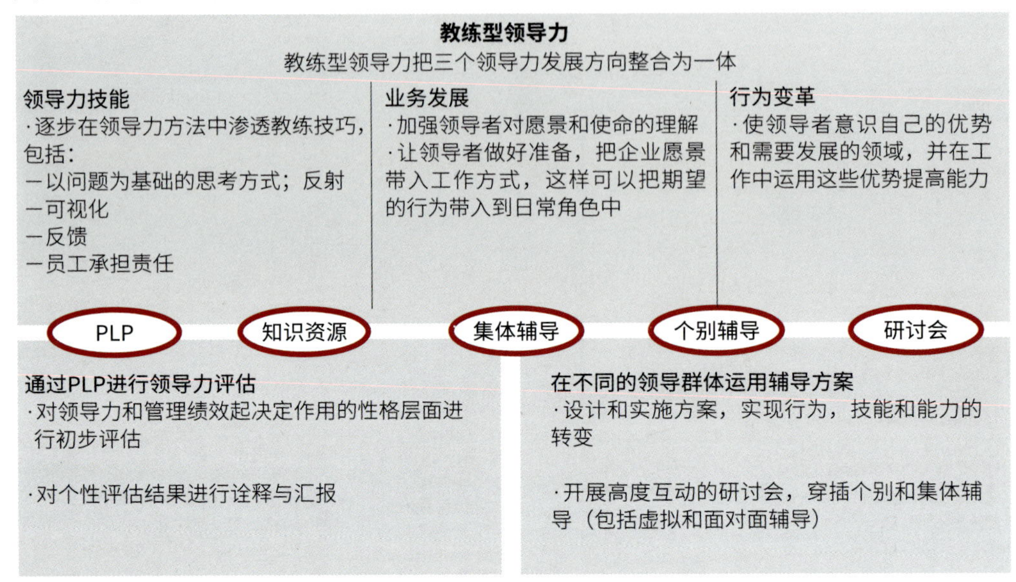

资料来源：埃森哲分析

到个人和领导团队的领导力情况，并与数据库进行比对，做出相应的提升方案。当决策中人的因素也得到充分的洞察和管理，决策盲区才能说是得到了全方位的解决（见图四）。

执行力强，为何还会陷入执行盲区？

都说民企的“执行力”强，但为何还会陷入执行盲区呢？

其实并不是“执行”出了问题，而是执行的准备和监督没做好，方向和重点没找准，箭自然偏离靶心。

转型项目往往是日常已知工作的“新任务”，执行方法和内容往往没有日常工作那样清晰，如果执行者只知其然不知其所以然的话，就难免会出现执行资源分配、执行方向和执行监督等问题，让企业猝不及防。

执行洞察就是要解决不知其所以然的盲区，从业务影响及风险、变革准备度、绩效与成果等三方面获得转型执行的前瞻和一手信息，配合相应举措，就可以帮助企业克服执行障碍，走出执行盲区。

在转型落地执行之前，企业必须洞察受到影响最大的职能或岗位，以及相应风险，同时根据业务影响来合理安排转型落地、资源规划的转型执行方案，且最大化执行落地，并有效管理落地中可能出现的风险。

通常埃森哲会把转型按照业务场景或职能分为若干个模块，再详细列举出在每个模块下的业务变化，包括这一变化带来的影响所涉及的岗位以及覆盖范围，然后对每一项业务变化的影响程度从组织变化层面、业务（或流程）变化层面和系统（或操作）变化层面进行打分，再根据数据模型得出业务影响的热力地图。

以 L 集团的营销一体化转型为例，

图五　业务影响热力图示意

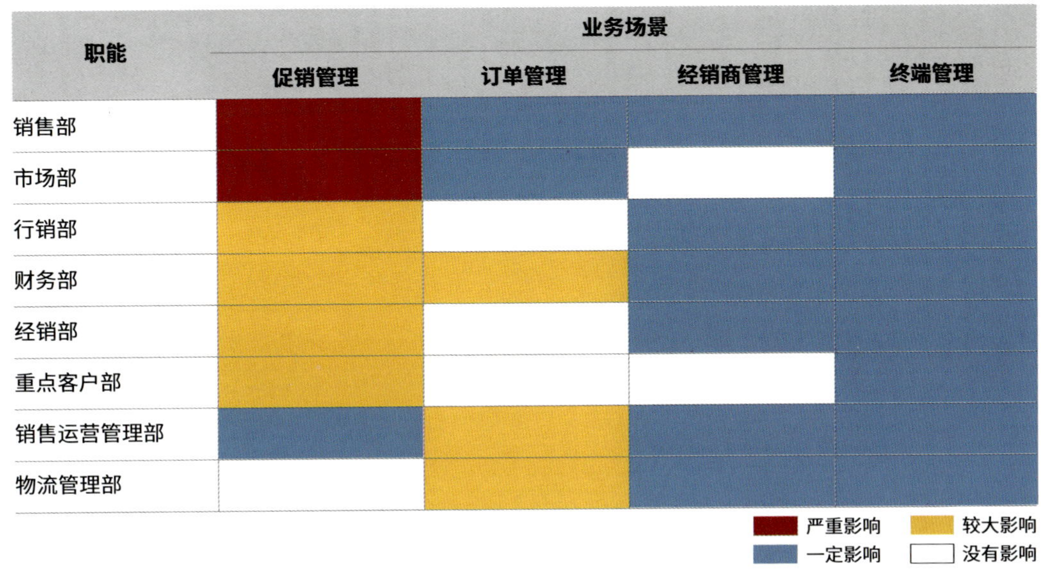

资料来源：埃森哲分析

通过深入的分析和探讨，埃森哲发现其主要业务影响集中在促销管理模块在销售和市场部的变化（见图五），需要把大部分的变革资源聚焦于销售和市场职能的转换上。进一步从受影响岗位分析中可以看到，各个岗位的影响情况并制定出针对性的执行举措。

对于业务影响的分析，可以帮助企业在转型落地的前期，就抓住重点有的放矢。

变革准备度洞察可以弥补部门间协同，以及政策流程配套上的缺口，尤其当民企中资历较老的“开国功臣”与引进的“职业经理人”之间在管理方法上不一致时，做好协同配套就可以避免落地中的分歧与冲突。

当埃森哲在为一家上市民企 T 公司进行供应链智能化转型时，通过对各个相关部门的变革准备度调研，从项目认知、流程设置、管理配套、文化协同及落地责任等几方面评估和分析发现，在销售和生产的流程和管理上仍未做好转型准备，随即通过组织落地准备研讨会发现：背后是产销协同的业务问题，需要从业务流程上进一步改造调整，同时要加强供应链相关主数据的管理规范，明确产销职能人员对接的职能职责。

在转型执行落地过程中，由于及时规范了数据和流程，供应链转型变得更为顺畅和高效。变革准备度调研通过客制化的调研问题，帮助企业及时发现转型落地中尚未补足的缺口，尤其是业务职能之间的协同和流程及管理的配套，将这些缺口根据落地时间表及时补全，那么转型执行时的阻力就会大大减少。

在转型聚焦方向和准备举措都明确落实之后，转型过程中的监督和评估也就有的放矢。尽管很多企业已经意识到要让转型“动”起来，就首先要“动”绩效。

图六　转型绩效指标设计方法示意

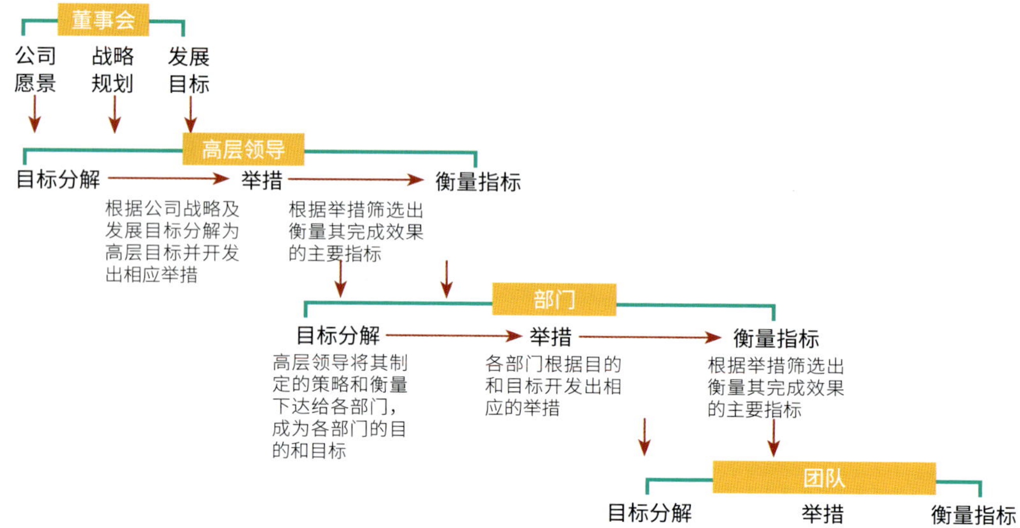

资料来源：埃森哲分析

可是转型绩效的设置却并不那么容易。有些企业简单将绩效与转型最终的业务目标数字挂钩，这可能会适得其反。

转型绩效，一方面是通过最终目标层层分解，另一方面也需要衡量具体业务举措（见图六）。A集团在进行共享服务转型的过程中，就通过业务影响和变革准备度洞察制定了相应的转型落地举措，举措的完成时效和完成标准，在整个转型绩效体系中占到了40%的比重而最终的共享服务成本节省，和共享中心的服务流程效率等结果型导向指标占了50%，并且增加了10%的服务质量和客户满意度指标，从而使得在整个转型的过程中，每一项有效举措都按时保质完成，共享中心的业务价值也得到了体现。

值得一提的是，由于完善了过程指标，在长达一年多的转型落地期内，管理层可以通过指标的监控，及时为转型执行把脉，避开执行的盲区。这样完整的转型指标体系建设，可以帮助企业有效监督和落实转型过程中的每一项执行，最终取得胜利。

“旧人”不再成为转型阻碍

很多企业转型会遇到这样的问题：政策、方法和内容都是“新”的，而“人”却是“旧”的。“人”是战略、流程、系统的制定者，也是应用者。如果制定与应用分离，就会陷入组织盲区。组织洞察就是解决因“人”没有转变引起的组织盲区。

转型往往伴随着各项业务流程和模式的变化，可能也会带来新的操作工具或系统，这时，原先的人员是否具备相应的能力，支撑起新的变化就变得尤为重要。如果能力的缺口没有被及时补足，就很容易陷入转型组织盲区。

W集团在数字化转型的过程中就遇到了组织瓶颈——当新的数字化营销模式和销售系统被引入使用时，才发现原先的营销和销售团队能力僵化，无法应用数字化销售工具来吸收新客户和进行客情管理。

埃森哲通过对标数字化能力模型及行业领先实践，帮助 W 集团设计了在数字化转型背景下的营销及销售能力模型，引入数字营销内容管理这样的全新能力。基于新的能力进行突破和加强，对能力缺口巨大的人员进行调岗。

人员能力逐步提升之后，原先由于能力缺陷而落下的销售数字马上就被追赶回来。在新的能力模型建立的同时，企业也需要注意与原有能力的衔接和提升路径，因为技能和能力的提升并不是一蹴而就的，日常工作中的指引必不可少。先前提到的管理人员领导力，就会起到关键作用。在部分企业转型过程中，埃森哲也会将领导力作为能力升级的重要部分。

能力的提升并不等同于行为的转变，行为转变依赖于意识和习惯层面的转变。

在意识层面，要确保整个公司的文化与转型是一致的，员工对转型的价值和未来的认可度高（详细方法可参考埃森哲企业文化转型方法论，在此不做赘述）。一旦意识层面有了转型的想法，再将其转化为行为习惯就可以巩固转型。

同样在 W 集团，基于行为心理学理论，埃森哲设计了 30 天挑战活动，在 30 天周期内每天推送与新习惯相关的工作任务，例如用新的 CRM 工具给顾客打标签，通过 B2C 商务数据中心查看相关交易数据。30 天后，团队建立起了新的数字化工作习惯，数字化能力也得到锻炼和提升。当转型中“人”的意识、能力和行为互相协同转化后，企业就不用担心会掉进组织盲区。

决策、执行和组织三大盲区可能在转型的任一时期出现，且有可能同时出现。埃森哲在与大量民营企业合作后发现，在转型的不同阶段，需要对不同的盲区有侧重地管理或规避。

在转型初期，主要工作集中在规划和起步，确定转型的目标和路径上。这一时期的决策洞察最为重要，一旦方向和路径设计有偏差，转型就会变得艰难甚至无疾而终。

在转型落地期，执行洞察就会成为管理者最需要的武器，它可以帮助转型稳定推进。同时再回头来看，根据新情况调整转型目标和路径。另外，也可以开始着手通过组织洞察，提升计划人员的能力。而在转型进入加强巩固阶段后，人员能力和组织文化的配套就尤为关键，这样才能保证转型不“反水”。

这三类重要的洞察在转型的不同时期相辅相成，各有侧重，是民企转型引领者的左膀右臂。

作者简介

宋妩

埃森哲管理咨询人才与组织发展总监
常驻上海
marria.wu.song@accenture.com

郭嘉祺

埃森哲管理咨询人才与组织发展顾问
常驻上海
jackie.jiaqi.guo@accenture.com

付莹

埃森哲管理咨询人才与组织发展顾问
常驻上海
lulu.ying.fu@accenture.com

第四方物流——物流供应商中的“超级经理人”

黄雪明、温智杰、全琳、李剑龙 | 文

如今，第三方物流力所不及，而以制造、零售为代表的工商业对物流服务提出新的需求。在这种情况下，能为客户提供创新供应链解决方案并创造出更大商业价值的第四方物流将顺势而为，乘势而上。

物流是供应链运营中重要的元素之一，尤其是对制造、零售等需要将产品按时、按质、按量送到指定地点的企业而言。因需求扩张，过去几十年中国物流行业快速发展，提升服务、降低成本始终是物流行业不断发展前进的两大核心要素。20世纪90年代，将非主营的物流业务剥离外包催生出来的第三方物流，扮演着改善企业服务水平与成本控制的重要角色，同时也成为供应链运营的引擎。

然而，时过境迁。在新常态下，中国经济增长面临较大的下行压力，进出口贸易增速回落明显，第三方物流在降低企业运营成本和优化企业运营管理上的作用力不从心。

面对如此严峻的外部市场大环境，企业如想进一步提升竞争力，则需要从内部和外部双管齐下，改善整体供应链成本结构、重新回顾供应链战略、协同内外部客户并整合信息系统等，从上层供应链设计方案出发，进行根本性变革。基于这样的市场需求，第四方物流服务应运而生。

中国企业需要物流“护城河”

伴随中国经济告别高速增长，（移动）互联网、大数据、云计算等技术的发展和日益普及，以及人口红利时代的即将终结，制造与零售业的生存环境发生了很大变化。

从外部看，消费者对产品和服务的要求不断提高，行业竞争加剧，人才短缺等给企业带来的发展阻力不断；从内部看，企业一味地通过降低制造成本已无法获得竞争优势，而新产品或技术的研发则需要投入较多的时间和资源。所以企业在进行新一轮成本优势和服务差别化优势的选择时，纷纷把目光投向了覆盖供应链前后端的物流领域。

现代物流管理体系的构建到底能够为企业提供什么样的核心竞争力？最好的商业案例之一来自于美国亚马逊公司。

在20世纪90年代，亚马逊的物流成本一度占据其运营总成本的20%。经过物流体系优化，从规划、建设到运营的全面改善让亚马逊公司将其物流成本降至原有的一半。

以高效率、低成本的物流体系为核心构建起来的竞争优势，使得亚马逊颠覆性地将免运费订单的最低额度，从最初的99美金一路降至25美金。初尝物流优化甜头的亚马逊此后一发不可收拾，紧接着在2005年推出新会员服务：支付79美元/年享受无限量的免运费，并有两日内送达服务以及折扣价的次日送达服务。此举让亚马逊一举超越当时的竞争对手，彻底打开了市场。

根据亚马逊自己的数据显示，在2005年，亚马逊为其客户带去的物流成本节省已经达到4.75亿美金，也就是说亚马逊在减少4.75亿美金物流成本的同时，也给社会创造了4.75亿美金的物流资源优化。

我们认为国内的许多制造与零售企业当下正需要这样一种高效、节省、透明并持续不断创造价值的物流配套体系，为企业解决成本与服务差异化的核心竞争力问题。

这种全新的物流系统包含：快速响应前端需求，及时安排自动补货；企业和供应商进行计划协同以便进行高频补货；优化配置物流资源以对各类物流需求与资源进行匹配；优化网络布局，合理规划运输频次；优化物流体系与供应链各环节的配合，从而全面优化运营等功能。而这些功能正是第三方物流供应商所欠缺的。

为了使物品在新的时间与空间里流通得更有效率，整合所有物流资源的第四方物流供应商由此诞生。

成为物流“护城河”的六大要素

为了更好地展示制造与零售业对物流服务的需求已不同于以往，以及第四方物流为何能在未来的物流市场发展中得以快速崛起，埃森哲与宝供物流研究院针对制造与零售企业在选择物流服务供应商（LSP）时的关键价值驱动因素进行了专项调研。

通过收集和整理在实际业务过程中客户端反馈的重要讯息，我们提出以下六大LSP关键价值驱动因素：策略能力与客户协同，规划能力与经验，运作效率与成本，信息整合能力，资源供应整合能力，服务可靠性以及人员能力。

其中，策略能力与客户协同，规划能力与经验，资源供应整合能力是传统第三方物流企业所不具备的能力，也是第四方物流与第三方物流的不同之处，这充分显示出了第四方物流在市场竞争中所具备的优势。这六大LSP关键价值驱动因素具体来说：

策略能力与客户协同：对企业来说，好的物流供应商不仅能理解公司的战略目标，还能参与到企业内部的供应链策略制订中，帮助企业协同内部外部客户，参与组织变革管理与业务流程再造，并通过创新，进一步提高企业的运营管理效率。

规划能力与经验：在电子商务发达的今天，企业想要提高消费者体验，那么出色的仓网布局规划、运输网络优化方案起到关键性作用。除此以外，物流供应商还需具备运营分析与持续改善能力。因为物流供应商对待不同的客户和快速的环境变化，需要与时俱进，不断改善自身的同时还要与合作方共享知识，在合作中分享最佳实践，形成互帮互助，共同进步的正循环。

资源供应整合能力：合理的资源配置和资源的有效利用贯穿于企业运营管理的每一个环节。在物流供应商层面，作为企业物流体系的重要组成部分，有效的承运商管理与资源整合能力，对整个物流体系的运转产生关键性的推动作用。

更为重要的是，对于同一企业的多样化物流需求或是面对多个行业客户的物流需求，物流供应商需要具备上下游业务延展性能，为客户提供个性化或者是客制化的服务。

运作效率与成本：企业在运营管理的过程中一直非常重视物流成本。为了提高企业运营效率、降低成本，物流供应商需要配合企业制订合理价格，并尽量配合企业提高商业价格透明度，认真进行合同执行管理，保证操作执行的一致性。

信息整合能力：数字化时代，供应链的发展离不开信息科技的发展。使用信息系统，更准确、更快速地进行数据收集和分析能让供应链的反应速度更快、更及时有效。

对企业来说，物流供应商必须具备完整信息技术、系统集成能力（TMS\WMS\OMS），能够提供端到端信息的可视性，并拥有足够的信息安全保障机制让业务运作更顺畅。

服务可靠性：供应商的服务水平和人员能力往往都是企业在选择供应商时最基本的考量，如供应商是否能提供有针对性的绩效管理措施、服务人员如何进行沟通、风险管理能力、处理客户投诉的好坏，这些都将给客户带来最直观的感受。

第三方物流具有明显的时代局限性

根据埃森哲与宝供物流研究院所展开的“制造与零售企业对物流服务需求”的调研结果显示（见图一）：随着国内制造业与零售业的物流服务需求日益提升，其关注的物流供应商的关键价值驱动因素，从传统的运作效率成本和服务可靠性上开始延展，对供应链策略能力、客户协同能力、资源供应整合能力这些物流价值链上的新需求，表现出极高的兴趣和关注度。

我们认为，这种新需求是企业内部成本控制的外在表现，是刚性需求。由调研结果进一步分析企业对物流服务供应商（LSP）价值因素的关注度与满意度二维矩阵（见图二），在运作效

图一 制造与零售企业考虑 LSP 的关键价值驱动因素满意度调研结果

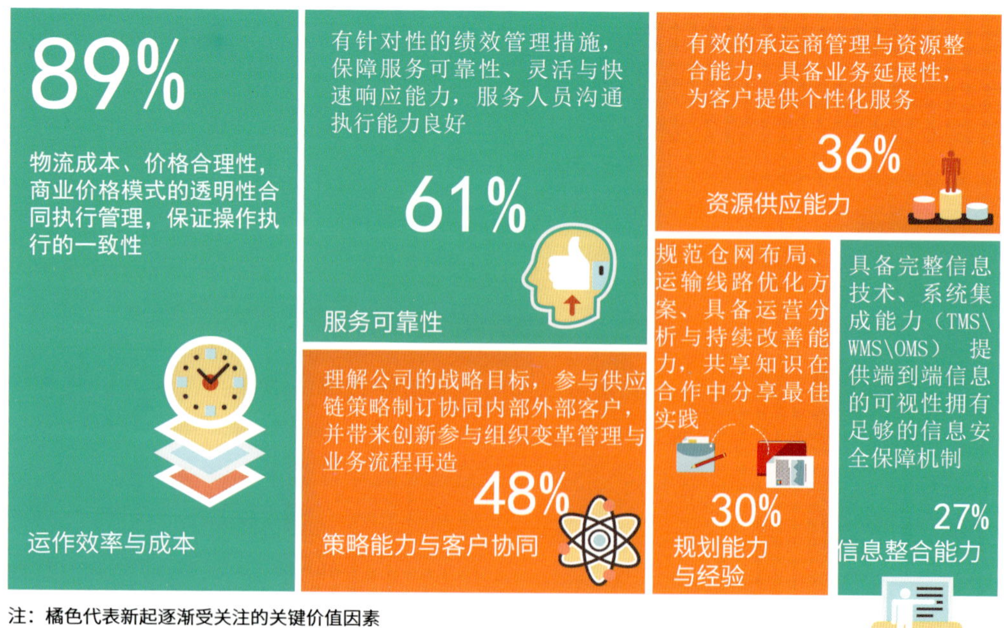

注：橘色代表新起逐渐受关注的关键价值因素

资料来源：埃森哲与宝供物流研究院调研

率和成本、服务可靠性与人员能力这些传统业务需求上，第三方物流供应商仍能扮演称职的角色，但针对供应链策略能力、客户协同能力、资源供应整合能力这三项新关注的需求，企业对LSP的满意度相对偏低，凸显了现今第三方物流业务瓶颈与能力的局限性，也代表第四方物流企业新的契机。即便现阶段第四方物流服务供应商的发展还未完全成熟，但从整个行业和市场发展趋势来看，企业采用第四方物流服务的趋势正在由点及面地快速扩张。

第四方物流优势几何?

区别于第三方物流，第四方物流供应商对企业供应链的服务范围更广泛，并且能针对不同客户的需求提供客制化解决方案。

第四方物流供应商与企业在供应链方面的合作深度和广度是第三方物流供应商所不能企及的，比如第四方物流可以与客户共享物流服务过程中的收益，共享同一个信息系统所提供的完整数据流，第四方物流供应商更像是一个并肩作战的长期战略合作伙伴。

换一种说法，第四方物流区别于第三方物流之处在于，第四方物流能够打破供应链各环节之间的限制，充分利用信息资源平台整合各类服务商的技术、资源和能力，搭建起企业物流与物流服务商之间的纽带，为企业提供更加全面而且有效的供应链规划与运作实施方案（见下表）。

图二 制造与零售企业对物流服务供应商的关键价值因素定位图

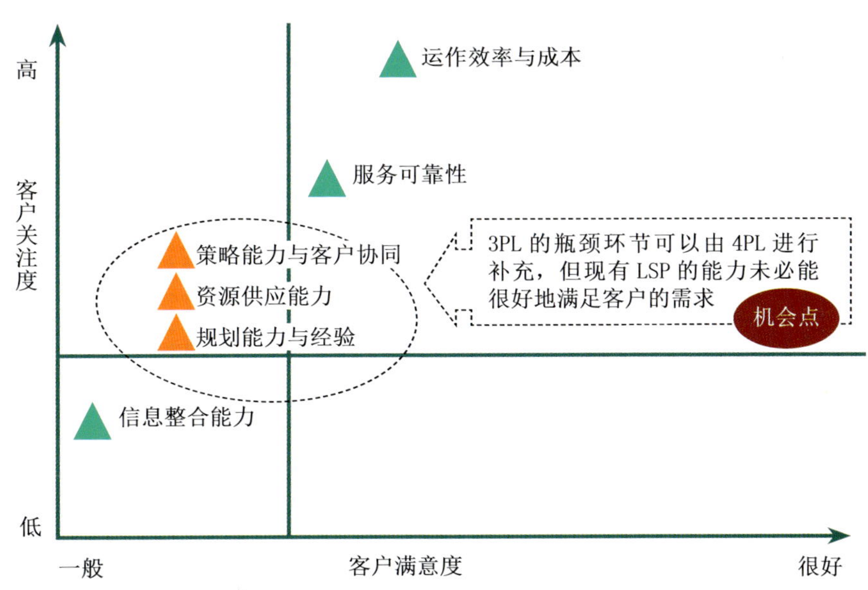

资料来源：埃森哲与宝供物流研究院调研

国外的物流市场发展表明，要想进入第四方物流领域，物流企业必须在某一个或几个方面具备很强的业务核心能力，并且有能力进入其他领域。在中国，第四方物流的发展已经出现了一批先行者和一些试点行动。在市场的发展过程中，中国的第四方物流公司或有以下几个来源：

·由原有的第三方物流公司转型而来；

·具有供应链专业人才和背景的咨询公司；

·大型综合集团的物流团队；

·具有大数据分析和供应链系统优化等核心竞争力能力的互联网物流公司。

如何甄选第四方物流服务商

作为需求方，企业在开展第四方物流合作模式之时有必要对合作伙伴进行适当的挑选。因为即便同为第四方物流服务供应商，各家专长不一，企业需要按照自身的实际情况进行选择以便取长补短。

物流供应商的敲定一定是基于双方能力与资源的契合度挑选出合适长期合作的伙伴——在业务目标、运营方式乃至组织文化、管理体系各方面都能相契合，才能在合作中达成双赢（见图三）。

第一个需要考虑的是策略层因素。

	第三方物流	第四方物流
服务范围	第三方物流可能专门从事一个或多个物流服务，通常针对行业量身定制，并提供标准物流供应商不提供的增值服务	第四方物流设计、实施和管理定制的客户解决方案，通常有专门针对特定行业的需求解决方案
服务形式	第三方物流使用长期合同，其中规定了服务水平，业绩承诺，定价和义务	第四方物流使用正式的长期合同，其中规定了服务、业绩承诺、定价、义务和收益分享方法
系统支持	第三方物流公司使用系统支持服务，接入客户系统，客户授予对第三方物流的访问或是第三方物流可使用客户提供的系统	启用程序和系统由第四方物流提供，以支持整个服务，其中可能包括支持客户自己的内部流程
分包商管理	第三方物流使用自有资源或分包商进行服务，第三方物流决定分包范围	第四方物流始终使用分包商进行物流服务并提供资产，分包由第四方物流公司决定
绩效管理	客户负责第三方物流绩效的管理和咨询	第四方物流负责管理所有服务提供商绩效和计划目标完成度

图三 企业在选择第四方物流时的考虑因素

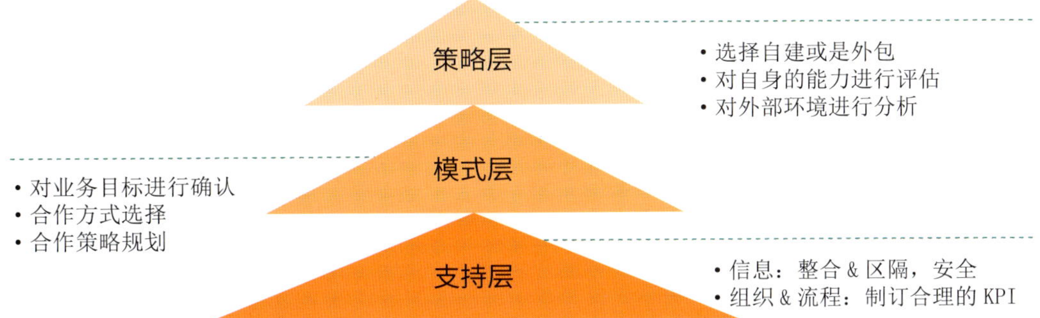

资料来源：埃森哲分析

基于核心竞争力的定位，企业首先需要做出物流环节是自有或者外包的战略决策。

在每一家企业考虑建立自身的物流能力时，无论是选择外包或者自建都需要对企业的内外部条件进行统一的设计和规划。所以并非所有企业都适合选择第四方物流进行合作。

在设计和规划企业战略时，内部条件包含有企业核心竞争策略、运营与变革能力、运营成本；外部条件则包含市场客户服务需求、物流商能力匹配程度、相关法令法规风险等，这些内外部因素皆是企业在迈向选择第四方物流合作模式时需要充分考虑的核心因素。

比如早几年，壳牌决定使用第四方物流供应商来进行物流管理时，埃森哲曾帮助壳牌对物流业务进行详细分析并分享了行业领先的第四方物流案例，建立了属于壳牌的物流发展战略。

这份方案着重解决壳牌对第四方物流供应商的服务水平控制问题，并且，解决方案侧重于建设长期战略关系，让壳牌能引入供应商最好的专业人才、领先的创新手段和最佳行业技术进行业务建设。

壳牌和第四方物流供应商的合作最终实现了以下效果：在提高服务水平的同时，最大限度地减少由于缺料而导致的资产损失，降低了供应链风险；通过提高物流资产利用率和综合供应链规划降低了 25% 的物流成本；通过物流计划使用尽量少的物流资源来降低事故风险；提高物流成本和业务过程的透明性，以及通过实时的数据分析协助壳牌做出更快更合理的决策，让壳牌更好地灵活运用外部专家的技能、行业领先的物流实践经验和先进技术来满足业务变化需求。

第二个需要考虑的是模式层因素，即合作模式的选型。企业与第四方物流的合作模式可以有单纯的业务合作关系，也可以选择例如财务资讯共享管理、利润共享、成立合资企业等形式，这需根据双方对业务目标的认同达成一致。多数第四方合作模式是基于长期互信的战略合作伙伴关系。

第三个需要考虑的是支持层因素，从信息、流程和组织入手。在数字化时代，企业物流能力乃至整个供应链能力的构建，都离不开信息流的界线区隔与整合。数据信息是企业的核心资源之一，其安全性需要重点保障，特别是在与第四方物流服务供应商的合作过程中，信息流界线需要科学、合理划分，明确信息共享权限，规范信息流动，既不泄露额外保密信息，也保证物流信息流的顺畅运转。

在组织和流程方面，定义关键衡量指标与考核机制的设计。双方在平等互利的基础上共同制订合理有效的绩效考核指标。

综上所述，随着国内外市场竞争的日益加剧，需要企业能够快速响应市场变化的同时，持续降低供应链整体成本，有鉴于此，我们可预见一个能够实现各种物流服务功能的供应链集成商，能够调集和管理组织各种所需资源、能力和技术，以提供综合供应链解决方案并显著提高营运效率的“物流超级经理人”——第四方物流供应商，将在接下来的商业时代中大放异彩。

作者简介

黄雪明

埃森哲大中华区管理咨询董事总经理
常驻香港
christina.s.wong@accenture.com

温智杰

埃森哲大中华区管理咨询供应链与运营总监
常驻上海
jeff.chih-chieh.wen@accenture.com

全琳

埃森哲大中华区管理咨询供应链与运营顾问
常驻上海
victoria.lin.quan@accenture.com

李剑龙

宝供物流研究院行业解决方案总监

本文作者特别鸣谢上海交通大学特聘教授与捷适同卓越供应链咨询总监王红斌对本文的贡献。

边栏：

第四方物流概念缘起

物流外包早已是绝大多数制造与零售企业的选择，然而，随着企业对物流服务能力的心理预期和实际需求的不断加码，第三方物流服务提供商渐渐有些力所不及。

1996 年，埃森哲全球资深供应链专家基于全球物流行业的发展趋势，创新性地提出了第四方物流（Forth-Party Logistics —— 4PL）概念。

埃森哲认为，“第四方物流”为供应链的集成者，负责将专业知识、系统和各方资源汇集一起，从物品流上为客户提供全面的供应链解决方案。

具体来看，第四方物流供应商在以下六个方面，应该高“第三方物流”一筹：

一是，具有顶层供应链策略规划与设计，业务流程优化，技术集成和专业人才管理的业务能力；

二是，在集成供应链技术和外包能力方面处于领先地位；

三是，在业务流程管理和外包的实施方面有一大批富有经验的供应链管理专业人员；

四是，能够同时管理多个不同的供应商，具有良好的关系管理和组织能力；

五是，国际化的物流网络覆盖能力和支持能力；

六是，对组织变革有深刻的理解和管理能力。

而具有上述“超能力”的第四方物流供应商，应该扮演以下角色，或者具备以下能力：

a. 架构师：作为一个架构师，第四方物流能洞见趋势、掌握多样内部外部客户资源，第三方物流合作、是供应链工程师和项目管理者。

b. 领域专家：经验丰富的物流专家，协助客户优化供应链增长引擎，基于客观中立的态度对客户的供应链决策给予支持，帮助其持续提高供应链水平。

c. 信息整合者：供应链 IT 媒介——提供 IT 系统集成、基础设施、实时数据追踪、将数据转化为信息等技术支持。

d. 资源提供者：整合传统的物流配送、货物仓储、外包制作到采购服务的供应链环节，为客户的生产运营保驾护航。

嗨！
欢迎来到消费 Z 时代

许佑宏、沃纯华、曹捷 | 文

谈新一代年轻人消费，90后？算了吧！

据称，95后已经霸占了地球人口1/4的席位，而在国内，95后的群体规模已接近2.5亿，如果零售企业仍然对新崛起的消费一代视而不见，那么未来，主流消费群体将会和这样的企业渐行渐远。

2015年全球95后仅零花钱总量就高达400多亿美金，已与同一年中国投资者向欧洲和北美市场的投资额相当。而其父母投入在孩子身上的钱，则比孩子们零花钱的三倍还要多，大约为1400亿美金。[1]

在中国，95后的群体规模已接近2.5亿人，和其他国家的同龄人相比，他们同样出手阔绰，对进口明星产品更是情有独钟。[2]95后每月花费大约1314元，要是在此基础上加个几百块，就能赶上2015年全国人均水平可支配月收入了（1830元）。[3]

如果零售企业仍然对新崛起的消费一代视而不见，那么未来，主流消费群体将会和这样的企业渐行渐远。

零售企业刚刚才摸清80后和90后的消费喜好，勉强追赶上他们数字化需求的步伐。95后就选择集体亮相，接手前辈，成为新一代消费市场的“剁手担当”了。

除了消费能力快速增长外，新世代（95后）消费者独具一格的消费习惯，也进一步扩大了“新一代”与“老一代”之间需求迥异的数字化鸿沟。诚然，那些首先出现在80后、90后身上的特殊消费需求，会在95后消费者身上进一步演化。

然而，伴随数字化发展成长起来的95后拥有和千禧一代[4]同样的数字化消费特征，但重点是：区别在哪里？

为此，埃森哲在全球13个国家（包括中国在内）针对超过10000名年轻消费者进行了消费习惯调查，期望发现并勾勒出这支新晋消费大军的行为习惯，以期为零售商提供参考借鉴。为方便对比和参照，我们的调查对象按年龄阶段分为三个群体：较年长的千禧一代（出生于1979—1988）、较年轻的千禧一代（出生于1989—1995）和Z世代（Generation Z，出生于1995—1998）。即我们常说的80后、90后和95后。

埃森哲全球研究发现，全球各国的新世代消费者购物习惯总体趋同，例如YouTube等视频网站是他们网购最常去的地方；很多人还会访问Instagram和Snapchat（阅后即焚）等其他社交媒体。

但在中国，由于数字渠道的差异，中国95后消费者拥有更加独特的消费观，无论是购物习惯、购物渠道还是购物需求，都印有深刻的新时代烙印。为此，这份报告专门聚焦中国的95后消费群体，洞察这一群体的消费特征，并有针对性地为新时代的零售企业们提供发展建议。

中国95后消费者的七大新特征

左手网购，右手实体店

整体而言，网购趋势在95后身上得到进一步增强，无论是服装、消费电子产品、杂货、家居用品以及健康和美容产品，依赖网购的95后比例均高于80后和90后，尤其是服装类购物。令人吃惊的是，在进行网购时，95后更青睐的工具是电脑而不是手机。

1 数据来源：WGSN咨询公司
2 数据来源：第一财经商业数据中心，《2016年进口消费洞察报告》
3 数据来源：Witop咨询公司
4 千禧一代指1984－1995年间出生，在跨入21世纪以后成年的一代人

服装、食品杂货、电子产品和健康美容产品是95后最常网购的四大品类

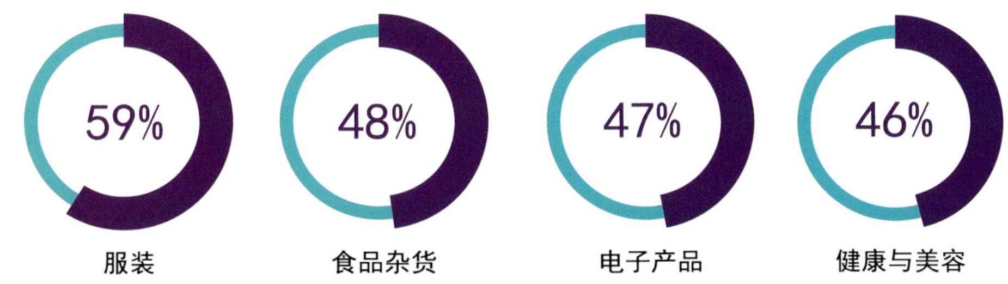

95后使用电脑网购的比例远超80后和90后

此外，95 后消费者也钟爱门店购物，这个比例甚至高于其使用手机和平板购物。他们在门店购物时非常看重数字化体验，会借助多媒体 / 多渠道，使用移动设备比较价格，或通过社交媒体和移动设备远程征求朋友家人意见。

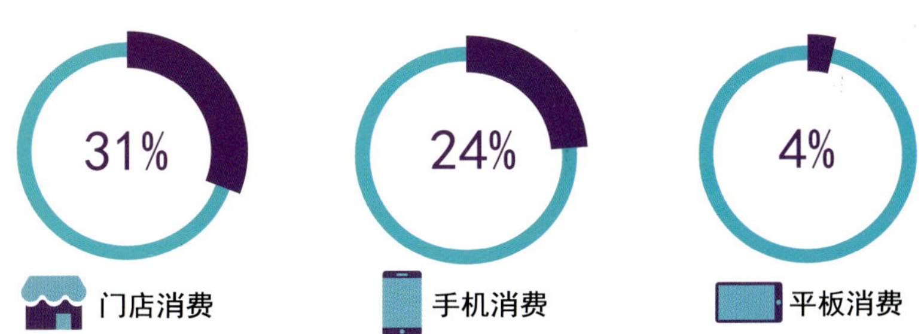

不止社交聊天，也爱社交购物

尽管 95 后比 80、90 后更晚踏进消费市场，但他们通过社交媒体购物的意愿以及在社交媒体购物的“悠久历史”却毫不逊色。

并且与 80、90 后主要聚焦微信、微博和QQ空间这三个社交媒体平台不同，约三分之一的 95 后青睐更丰富多样的社交平台，比如直播类、视频类平台。

95后更青睐丰富多样的社交媒体

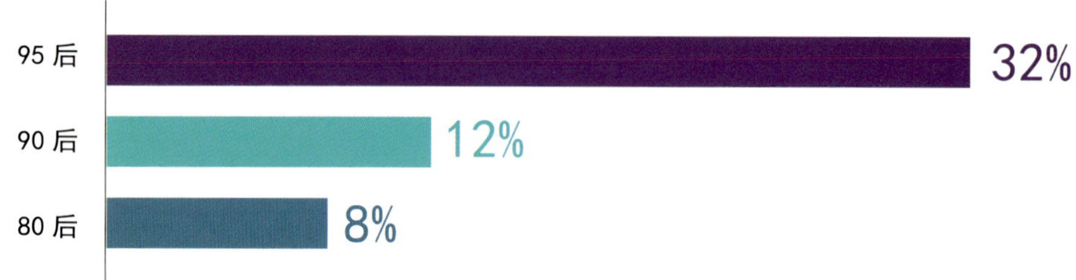

微博/微信/QQ除外，使用其他社交媒体购物的比例

在使用社交媒体购物意愿方面，95后的比例明显高出80后和90后

95后使用社交媒体进行网购频次变高，增长趋势高于80、90后

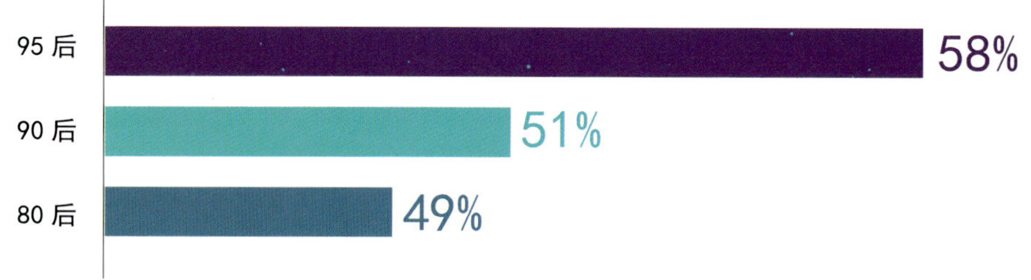

有意思的是，通过社交媒体进行购物，具体平台的影响力在他们身上显现出较大的差异：微信的影响力随消费者年龄的降低而减小，微博则相反。

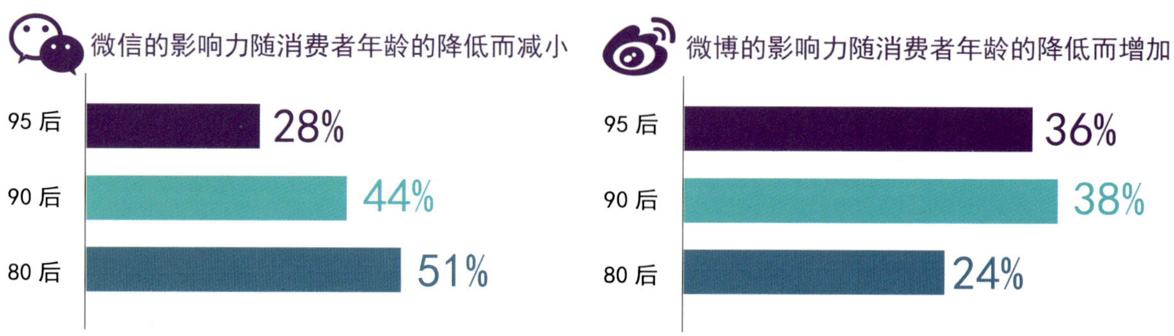

不做比价狂，要当选货王

和 80、90 后一样，95 后消费者也很看重商品价格和他人评价，喜欢上比价网站货比三家。但整体上，95 后不如 90 后对价格敏感。

与价格相比，95 后更看重评价和反馈，顾客的产品评价以及社交媒体上的点赞数量都会对他们的购买决策起到显著影响。此外，95 后在购买时也更倾向于向家人、朋友或信任的博主寻求意见。

而在获取商品信息时，95 后更乐于浏览品牌商网站，尤其是在选购服装、电子产品和食品杂货时。

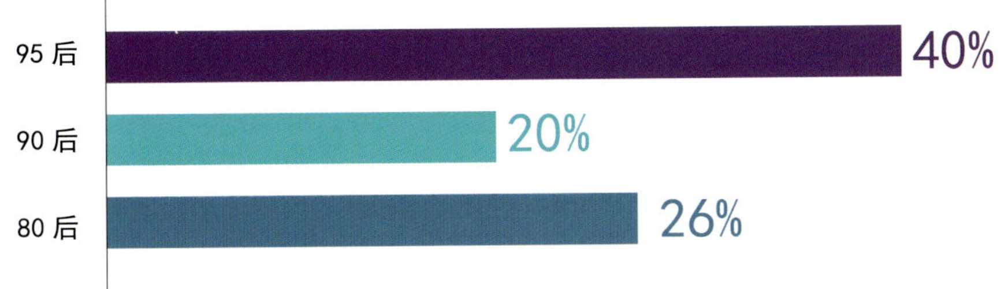

与 90 后和 95 后相比，80 后的品牌忠诚度最高，近一半的 80 后会经常到固定的网站购物，而 90 后和 95 后当中只有不到一成会认准一家商店购买其所需全部商品。

34% 的 95 后在购买服装时会浏览至少 4 家线上或线下销售点，而当购买健康和美容产品时，这一比例会增加到 48%。

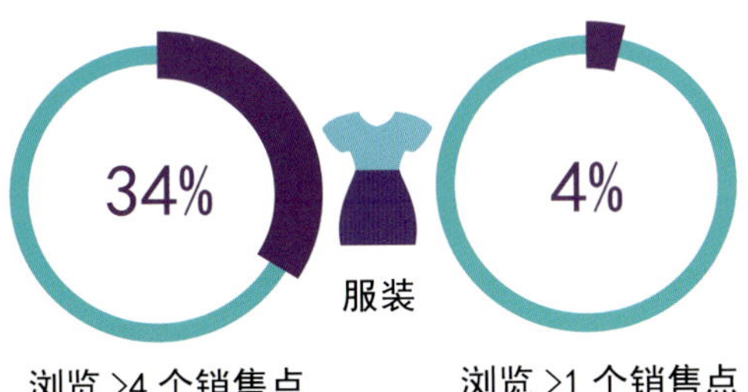

特别值得一提的是，选购不同品类的商品时，95 后做出购买决定所需的时间亦不相同。在选择服装、食品杂货时，95 后会很快做出决定，而在选购日用品和健康美容产品时，往往会花费更多时间。

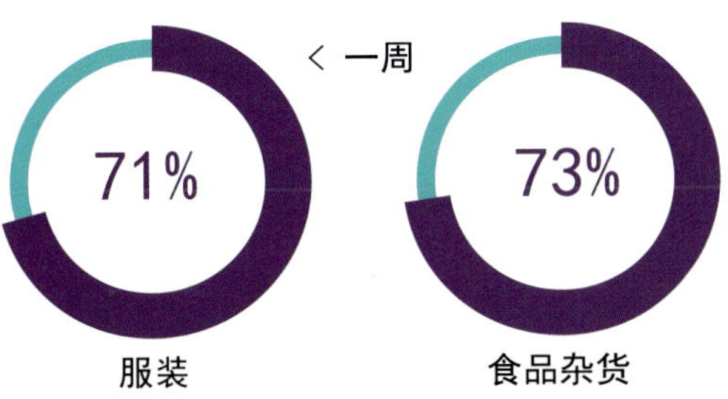

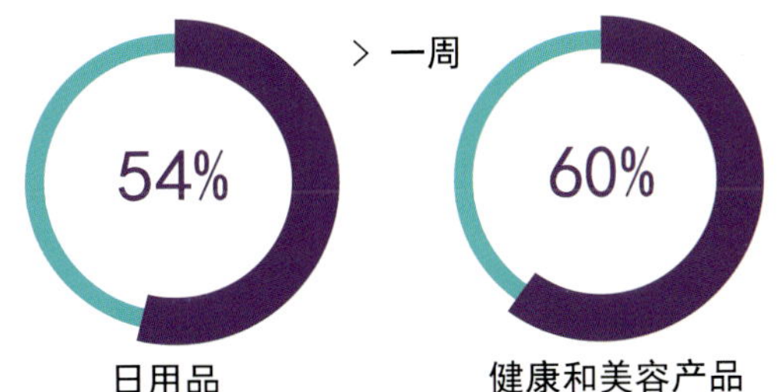

随性购买，更易冲动购物

尽管目前95后消费者的经济实力不如80后和90后，但他们容易冲动购物。在全球受访者当中，因为想买东西或者偶然看到了喜欢的商品而决定购买的95后人数，与千禧一代相比多了近60%。尽管中国的95后没有如此冲动，但为买而买的比例也高于80后和90后。

随着95后的财务更加自由，冲动购物可能成为这一群体的重要特性。同样参考他们购买其他商品的行为（如机票、饭店或酒店），凡是喜欢的，他们往往会立刻购买。

当然，冲动购物也会带来频繁退货，若商家的退货政策不能令95后消费者满意，那么后果可能是灾难性的，接近2/3的95后可能会因此而流失。

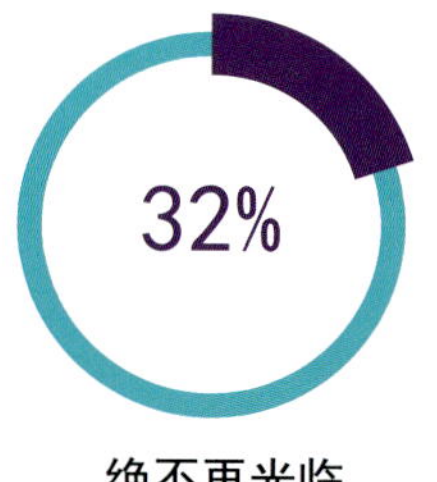

绝不再光临

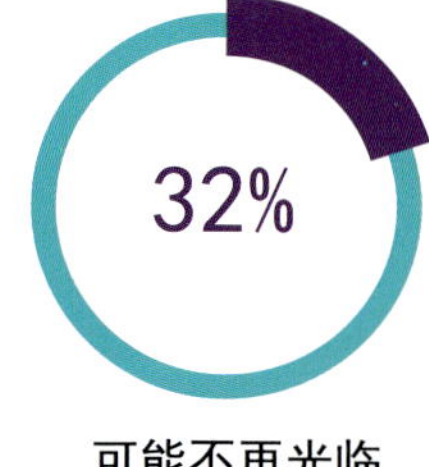

可能不再光临

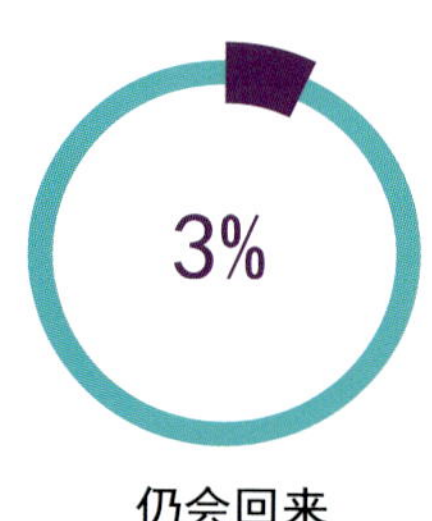

仍会回来

配送服务决定是否下单

95后比千禧一代更看重配送速度。他们会因为配送时间模糊不清而取消网购订单，他们会计算配送时间，并希望在购物当天甚至半天内就能收到产品，他们也更愿意为快递支付额外的费用，只有少数人愿意等待免费配送。此外，如果零售商能提供预约配送时间这一服务，95后会更乐于选择该商家。

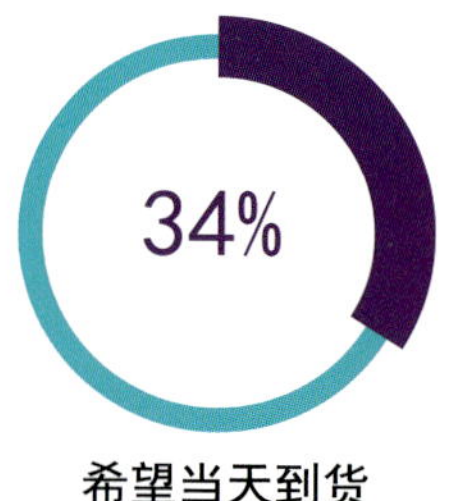

希望当天到货

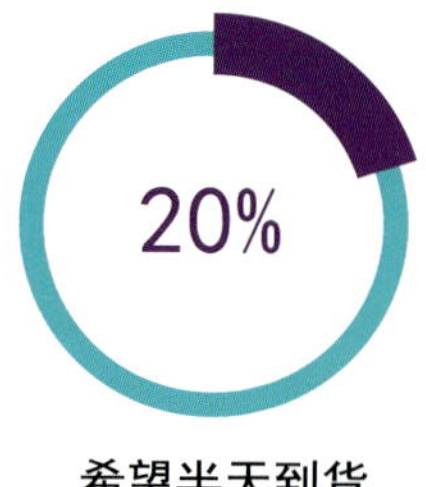

希望半天到货

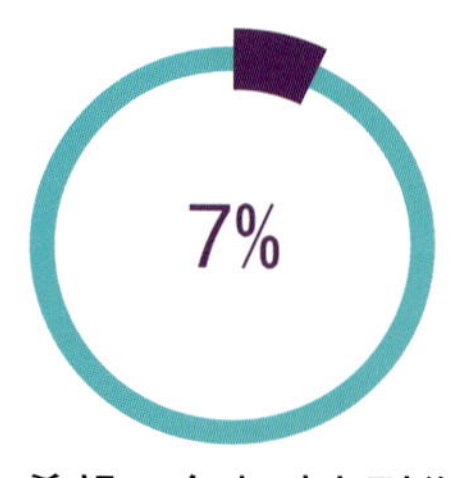

希望2个小时内到货

乐尝购物新方式

酷爱尝鲜的95后也更愿意体验零售商提供的新服务，比如语音下单、定期购、精选订购、电器租赁等。调查显示，绝大多数95后已经在使用或者非常愿意使用语音下单来购买服装以及其他单品；也愿意通过定期购完成半数以上的购买。这一方面，90后则显得略为谨慎；而在使用精选订购服务时，95后对服装品类的期待胜于食品杂货类。

超过半数的95后表示已经或愿意使用语音下单来购买服装，超过四成愿意语音下单其他商品

此外，我们还发现，相较于 80、90 后，95 后对购买复古 / 二手服饰表现出更高的热情。

购买复古/二手服饰的频率

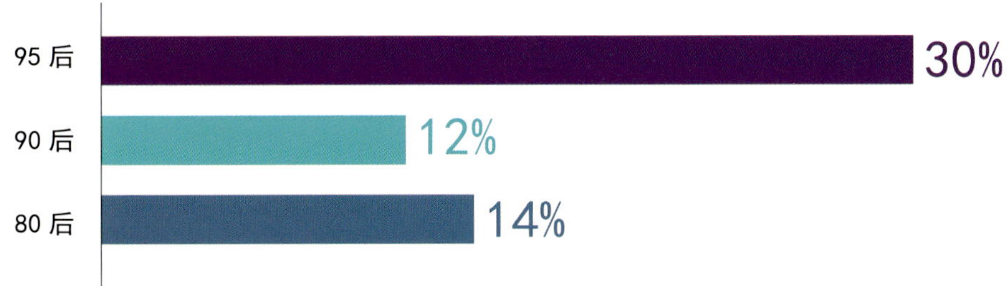

消费反馈更直接

中国的 95 后热衷于反馈和分享他们的想法。72% 的受访者表示，他们经常或频繁提供反馈，而全球这一比例只有 40%。与此同时，和 80、90 后喜欢在零售商网站上留言不同的是，95 后中有接近半数会专门到生产商的网站上留言。

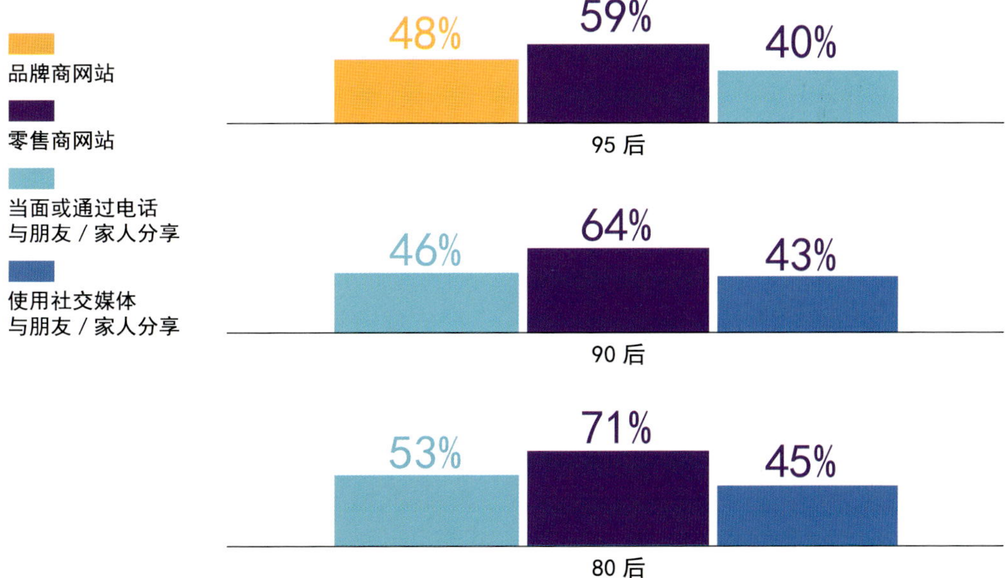

边栏：
同为 95 后消费者，全球各地有差异

如同千禧一代一样，独特的消费习惯和消费理念正在使 95 后这一群体在全球范围内成为“现象级”消费群体。然而不同国家地区之间，新世代也存在着显著差异。

普遍来看，中国消费者更偏爱网购，也更喜欢借助社交媒体购物，其比例远超全球平均水平。同时，他们也更乐于与线上销售助理交谈。

在欧洲，情况则各不相同。例如，在问及消费者是否愿意通过社交媒体购物时，表示“愿意”的瑞典消费者数量几乎是全球平均水平的两倍；而在德国，有购买意愿的消费者数量还不到全球平均水平的一半。

同为“英语系”的国家之间，也存在显著差异。澳大利亚人对时装租用非常感兴趣，但是加拿大人对此却毫无兴趣；在美国，消费者仍然十分偏好去实体店进行购物。

如何抓住 95 后消费者

95 后正逐步成为全球消费的新兴群体。那么，他们与千禧一代的差异，到底意味着机遇还是挑战呢？

我们的建议是：

不要放弃门店

门店体验将成为品牌的延伸，但零售商需要重新改造门店，打造数字化互联互动、高度个性化的实体店购物体验。亚马逊已相继宣布开设实体书店和实体便利店 (Amazon Go)，后者甚至彻底抛弃了传统超市的收银结账过程，凭借先进的感测器和移动技术，让顾客们不再需要提着购物篮等待结账，而可以拿起商品直接走出便利商店。

此外，零售商还应考虑提升销售助理的能力，进一步提升购物体验。面对 95 后群体，零售商的挑战在于，用创新的方式将自身从产品销售向打造体验和讲述品牌故事转型。

聚焦“热门”社交媒体

2016 年 5 月 20 日，一条鹿晗表白的信息在 95 后的朋友圈中疯传。这其实是一条兰蔻针对鹿晗粉丝投放的微信广告，仅 5 月 20 日当天，兰蔻产品的销量即比同期上涨 30%。

年轻一代的消费者更看重视频和图片，而不是文字，而社交媒体渠道则扮演着更重要的角色。然而，年轻人切换到新渠道的速度很快，所以保持敏捷对零售商而言非常关键。

以体验和速度制胜

体验是指 95 后愿意分享的一些购物经历。零售商应考虑与第三方公司合作，以此改善客户体验。

良好的体验加上快速的订单履行方式将会满足这一代的期待。例如，京东推出的“京东到家”服务，可在 1 小时

内确保送货上门，在年轻一代消费群体心中，这种“闪购”方式已经越来越受到好评。

内容全渠道管理

数字化时代，95后对网罗各种商品信息驾轻就熟。他们会通过各种社交媒体平台、品牌官网、电商网站等搜索产品信息、商品推荐、营销活动信息等。

因此，零售商在积极部署销售全渠道的同时，也要将内容全渠道管理纳入考量之中，统筹规划线上线下全渠道内容，在各个接触点满足消费者的内容需求。

重视并增加反馈

95后更加看重朋友和家人的反馈，零售商不再主导商品的评价流程。品牌也应该考虑收集消费者的产品推荐视频，这种方法真实可靠且易操作，可极大地增加可信度。社交聆听能力将成为公关的重中之重。

运用新手段贴近客户

成功搜集洞见能够提高顾客的终身价值。95后更容易接受新的购物模式。这为零售商获取全新客户数据提供了切实的机会。

在时尚奢饰品牌Rebecca Minkoff的智能试衣间，灯光可以根据顾客的需要做出调整，顾客还能通过身旁的扫描设备了解商品的材质、价格等信息，并可随时寻求店内导购人员的帮助，甚至在试衣间里就能用手机买单支付。

作者简介

许佑宏

埃森哲亚太区零售业主管，董事总经理
常驻香港
yew.hong.koh@accenture.com

沃纯华

埃森哲大中华区市场总监
常驻上海
bessie.wo@accenture.com

曹捷

埃森哲大中华区市场主管
常驻上海
j.a.cao@accenture.com

对标未来——能源互联网实践

邓赟、童华 | 文

能源世界正在经历一场根本性转变，新的能源世界已经展现在我们面前。

USINESS
PEOPLE
CHNOLOGY

现在，新与旧的博弈

改革的洪流冲击着传统能源电力企业，他们既面临更严格的监管环境和能源结构调整的迫切要求，也面临用户需求的多样性、能源市场开放后新进入者的挤压式颠覆等等挑战和压力。

在位者受到新进入者挤压。能源效率提升、产消合一者脱网使得电力销售收入不再有保障，全球能源行业已经开始洗牌。埃森哲追踪了 2000—2016 年标普 500 中的企业，发现 80% 的公用事业企业退出了标普 500 的名单。其主要原因是企业间的并购整合（80%）和外部市场压力或管理失误（20%）。

新进入者凭借数字化解决方案为寻求个性化用能的用户提供了良好体验，并进一步加剧了传统能源产品和服务的收入下滑，传统企业经营走到了 S 曲线的尽头（见图一）。传统电力企业只能依靠并购、剥离不良资产在短期内获得尚佳表现。

电力企业收入与电量需求脱钩。能源用户消费行为的变化导致电力的服务属性被放大。埃森哲最新能源消费者研究显示，能源用户在选择电力供应商时不仅考虑供电安全和价格，还更关注能源产品和服务个性化，用户服务的无缝化体验，基于数字化的能源管理等需求。

而政府提出的提高能效、抑制碳排放、增加可再生能源发电、支持“脱网”等措施都将导致电力企业收入增长与电力需求脱钩。

未来，有迹可循

从充分竞争的电力市场中可以看到，市场化磨炼了传统电力企业适应市场竞争、关注用户需求的内功，而能源互联网则将促进传统电力企业依靠核心竞争力，与合作伙伴一起利用新生态，服务于用户体验。

积极拥抱新生态

除传统的电力发、输、配、售、调度外，能源互联网中还出现了六类新玩家：交易、表记数据应用、能源服务、能源管理、能源存储、使能技术。即使是传统价值链中的角色，也细分出了数字化发电优化供应商、分布式能源服务商和能源聚合商等新角色（见图二）。

企业未来的竞争优势不仅仅取决于自身优势，更主要的是所在生态系统的总体优势以及企业在生态系统中的价值。朋友间的合作可能有多种方式，如平台服务、战略伙伴、创新联盟、投资合资

图一 欧美、亚洲公用事业企业财务 S 曲线变化

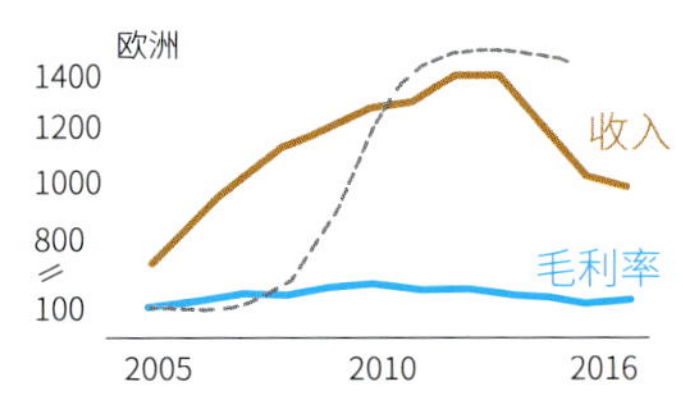

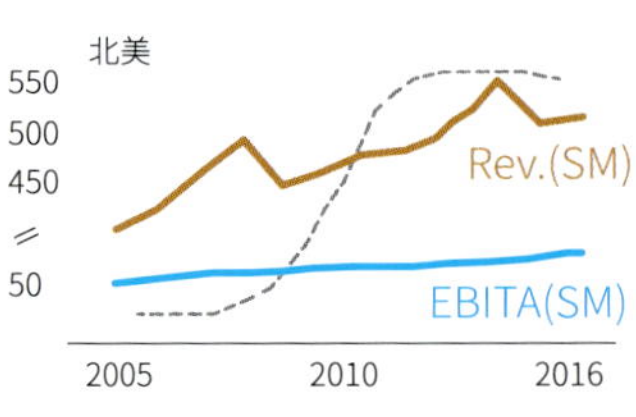

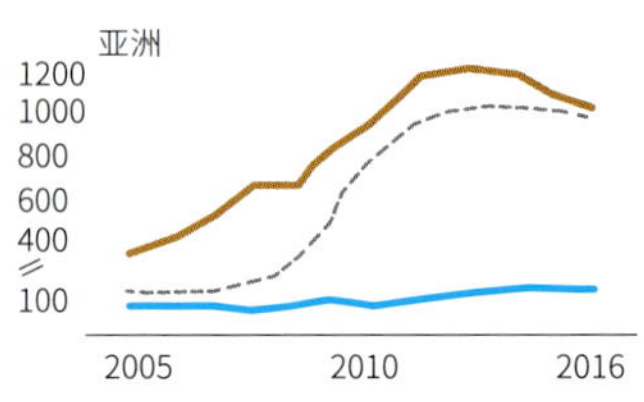

资料来源：FJORD, Design and Innovation from Accenture Interactive

等等，但这些合作的目标都是使企业灵活并快速响应市场需求。

适时变轨新业务

能源互联网时代，能源业务也从单一能源供应变为多种能源产品和服务的有机整体。如何实现核心业务与新兴的增长型业务的均衡发展？适时把握变革时机和变革风险等，成为摆在传统能源电力企业面前的最大问题。

核心业务更有弹性

传统能源电力企业面临低碳发展、灵活电力供应和调配的压力。德国电力市场 2.0 的发展目标就是要建立具有储能和调度功能更完善的电力市场，使电力供应更加灵活、有弹性，可以容纳大规模可再生能源。

为此，企业业务发展也应从长期规划转为敏捷迭代。企业规划应围绕发展战略滚动式调整，围绕用户需求建立弹性的业务和服务架构，通过设计思维实现敏捷的产品组合和创新，最终实现更快的市场响应速度。

在新业务变成新常态前布局

当遇到市场机遇时，大部分能源企业认为首先要增强核心业务的竞争力，在市场成熟后再推出新业务，这样才能降低企业运营风险。

图二 能源互联网的生态价值网络

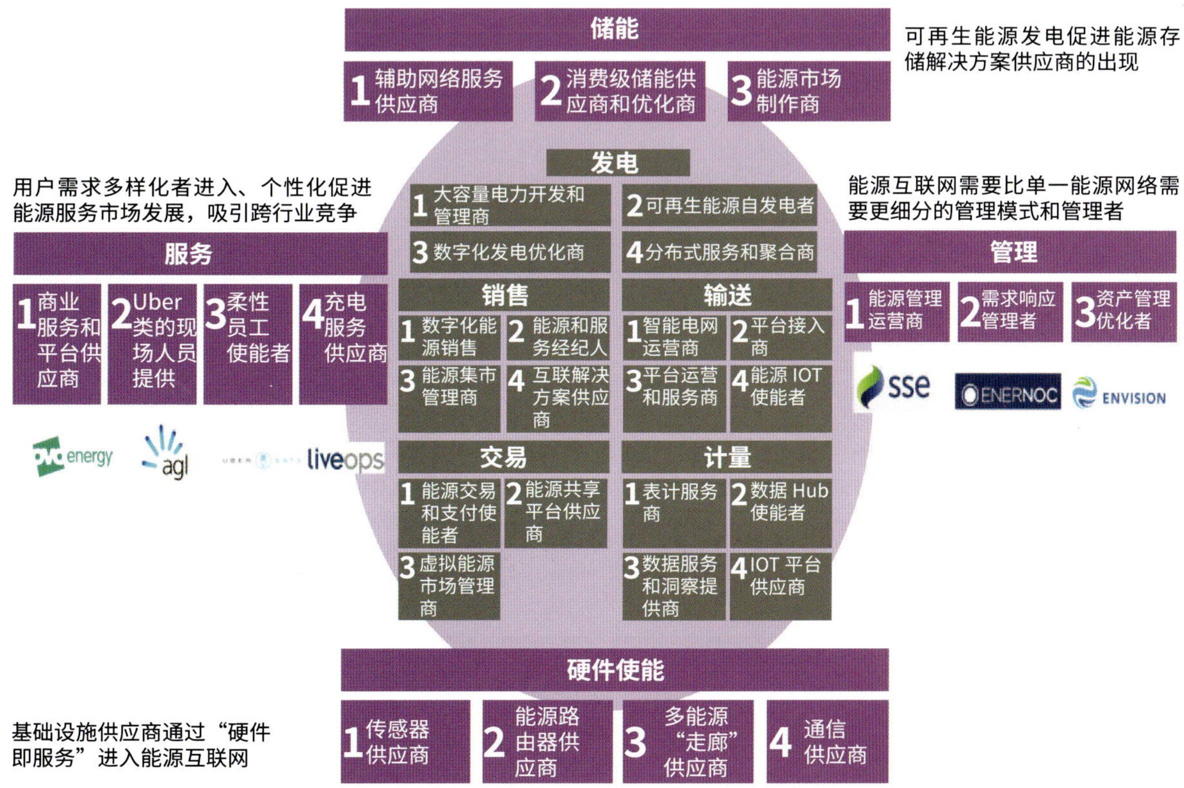

资料来源：埃森哲分析

图三 创新产品和服务爆发后令传统企业无力回天

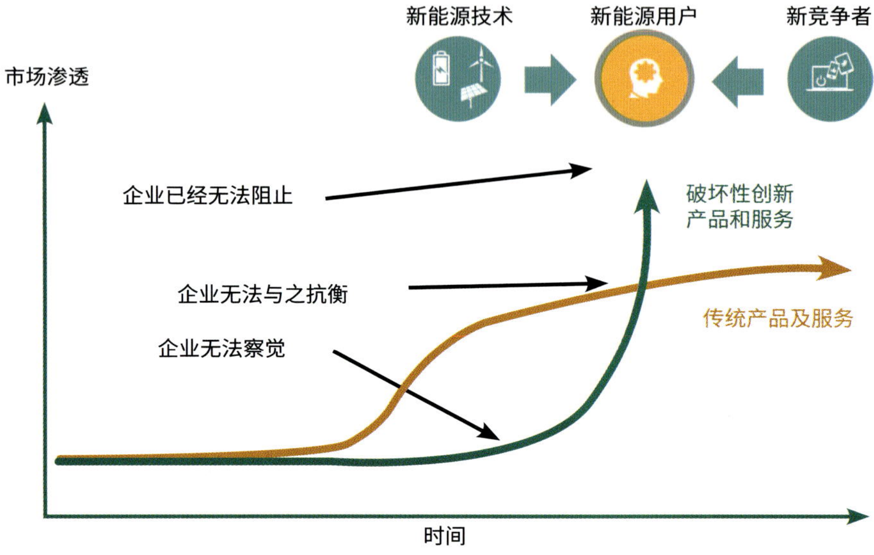

资料来源：埃森哲分析

但是当传统能源电力企业还沉浸在挖掘传统业务的剩余价值时，新进入者已经在攫取能源互联网中的新价值机遇。这些“门口的野蛮人”正在革新能源行业的各个方面，从用户互动、资产管理、数字化运营到灵活的价格机制。

殊不知，这“一动一静”的两种趋势叠加在一起，会给传统能源企业增长带来更大的风险。当大多数传统能源企业意识到危机来临时却为时已晚（见图三）。

利用全局观适时变轨

能源互联网和“门口的野蛮人”带来的冲击使很多传统电力企业猝不及防，他们只能疲于应对，而很少有企业能够利用系统方法规划应对策略和未来的发展路径。

利用全局观适时变轨是指：传统能源电力企业首先需要基于能源互联网的特点处理核心业务和新兴业务之间的衔接和协同关系；其次，认清发展趋势适时变轨，在核心业务没有进入衰退期前及时剥离非盈利业务，培育新兴增长型业务，确保整个企业的有机增长（见图四）。

在适时变轨的过程中，企业应采用系统化方法，平衡四个“变量”：不断增长的资本投入、优化运营和维护成本、满足政策变化或监管需求、投资于智能化解决方案。

转变投资模式

面对转型，电力企业的传统做法是进行重大的同行间并购或者基于当前利率的长期资本投资。但是能源互联网时代的投资收益已经不再基于拥有的资产价值，传统做法并无法适应可再生能源的波动性以及用户对分布式发电资产充分利用的要求。埃森哲研究显示，通过面向用户的智能电网解决方案可使配网资本支出降低30%。[1]

1 来源：Power Surge Ahead-How Distribution Utilities Can Get Smart with Distributed Generation, Accenture,2017

案例:

荷兰 Eneco 能源公司:"欢迎新世界",利用新能源和数字技术建立永不过时的能源服务公司[2]

Eneco 是欧洲传统电力企业转型的先锋,从2000年开始,Eneco 不断并购、扩张、分拆。该公司勇于放弃传统发电市场,转型为完全的可再生能源供应商,投资于用户、社区、合作伙伴和其他利益相关方以成为服务供应商。Eneco 未来发展战略是建立一个开放给第三方的服务平台,促进家庭服务市场的增长。

Eneco 的成功转型首先源于变革观念早已根植于企业的发展过程中,其次则是公司在运营环境、新资产投资、交付创新体验等三方面的变革努力。

支持变革的运营环境

2007年开始,企业转向可持续发展,"欢迎新世界"成为公司新的座右铭,旨在利用新能源和数字技术机遇,建立一个可持续的永不过时的能源服务公司。2007年响应气候组织的号召,Eneco 先于其他能源企业放弃化石能源发电而转向绿色能源发电,制定了以可持续发展和用户为核心的发展战略。

Eneco 在2015年成立了 EIV(Eneco Innovation & Ventures),组织各种以创新为核心的行动。

投资于新资产

Eneco 逐渐意识到新技术是促进企业实现差异的工具。因此公司将原来盲目的创新投资转为以创造新生活和工作方式为目的的创新和业务拓展。

更重要的,Eneco 认为想法也是一种资产。他们积极利用设计思维方法,发现想法、将想法转换成成果并持续改进、扩大其应用。

交付创新体验

Eneco 与合作伙伴提供创新客户体验。公司利用 EIV 向初创公司和合作伙伴投资以进行产品和服务创新,其第一个成就是为用户提供智能恒温器。Eneco 还与 Nerdalize 合作,利用计算机服务器产生的热能提供家庭供暖。Eneco 还投资了 Peeeks 公司,利用新系统为用户提供平抑风能和太阳能波动,更好平衡分布式发电和用户用能需求。

Eneco 自建 Jedlix 公司为用户提供智能又便宜的电动汽车。

此外,Eneco 自主开发的 Toon 最早是用来为用户提供智能恒温、管理家庭温度、舒适度和能源消费信息。现在,Toon 变成复杂的智能家庭平台,通过与第三方合作提供更多服务。Toon 的成功使用户对 Eneco 更加忠诚,降低了60%的用户转签率。同时 Toon 提供的面向第三方的服务平台也为公司创造了新价值流。

2 来源:Business Strategy: The Utility is Dead, Long Live the Utility: Eneco's Business Reinvention, IDC ,2016

图四 企业可持续发展的适时变轨

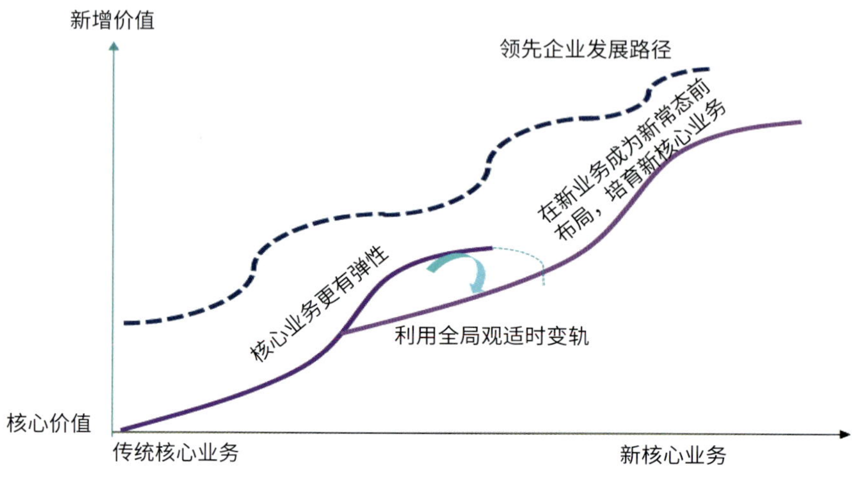

资料来源：埃森哲分析

为此电力企业迫切需要通过转变投资模式降低资本支出，例如转向基于产出的投资模式或投资于数字化。澳大利亚电力企业通过合作获得新能力，而不是投资于固定资产，这样可以将合作伙伴原有的商业竞争力和能源企业现有产品整合，抓住用户需求灵活推出增值产品或服务。

与未来对标，构建新动能

能源互联网为企业转型提供了新的机遇，而中国能源企业普遍对自身的数字化能力和管理能力短板表示担忧。[3] 究竟如何在新竞争环境中保持优势？需要具备哪些新能力？

基于先进企业的成功经验，埃森哲认为这些答案隐藏在数字化使能的用户体验交付、资产重置、“人本式”运营三个方面。

交付体验

为应对客户需求的多样性和不断变化，能源企业要从被动的产品提供者向主动的“体验缔造者和引领者”转型。

角色定位

从核心到增长的适时变轨意味着企业需要不断审视未来发展趋势和自身定位，在不同角色间转换或叠加多种角色。能源互联网生态中的每个角色都有各自的价值机遇和所需能力。为此企业需要明确目标（我们做什么、和哪些伙伴合作）；定义改进规则（获取信息、持续学习改进、响应需求）、积极实践新业务。

附加了情感价值的体验

很多企业在转型中进行的大量技术投资并没有产生应有的回报。究其原因是这些企业并没有意识到，能源互联网时代的创新是以用户需求为核心，而不

3 来源：新生态，新起点——中国能源互联网企业高管调研，埃森哲，2016

是以产品或技术为核心。

那么能源互联网用户需要什么？埃森哲多年的新能源用户研究表明，能源互联网用户需要的是满足个性化需求和良好体验的服务，以及显著提升生活质量的产品。这种承载了功能价值和情感价值的产品或服务，埃森哲称之为“Lovable Products”。

相应地，埃森哲建议采用“Love Index”帮助企业从多维度评估用户喜欢怎样的产品、服务或品牌，并发掘有改进潜力的方面。例如借助这一评估系统，企业可以发现用户与其他人的交流方式，并利用娱乐性的方式保持用户的关注力等等。

例如，Origin 能源公司用了非常“甜蜜”的宣传方式，他们将“能源那些事”印到了糖果包装纸上以培育用户，同时建立了一个“知识就是力量”的能源网站，这一网站非常易于用户使用，并通过各种有趣的故事帮助用户了解更多能源知识。

资产重置

用户需求更加多变，市场竞争愈发激烈。营销部门需要快速的市场响应速度，后台运营部门需要控制风险并降低运营成本。但是对于大型集团类电力企业而言，既要考虑如何将先进技术与运营、业务融合，也要考虑新旧系统的配合和替换。

多速 IT 战略

领先的电力企业已经不再利用几个大型的 IT 系统支撑整个企业运营和管理，而是利用云、API 等技术将前台和后台的 IT 系统进行松耦合的部署，或者利用遗留系统处理传统业务而新系统支持新业务等等。这种根据业务需求切换 IT 运营模式，保留并继续运行遗留系统的同时满足新业务对 IT 需求的方式就是多速 IT。

企业只需四步就可以部署多速 IT 战略：重新定义 IT 部门、搭建轻量级 IT 架构、全新 IT 采购模式、成为创新主力军。[4]

投资于新生产力

只进行数字资产投资并不能帮助企业构建新动能。要将数字技术视为新的数字化员工，而员工需要提升数字化能力。

埃森哲在其 2017 年技术展望中提出，未来五年，绝大部分涉及用户操作的工作都将由机器人和人紧密合作完成。这一转型将极大促进对数字化员工的需求。

因此企业应在新生产力上加大投资。一方面投资未来的劳动力，包括新的人才战略和数字化员工培训。另一方面企业应将 AI 和机器人流程处理等新技术视为虚拟员工，充分利用虚拟员工优化既有流程、挖掘数字价值。

“人本式”运营

在“人本式”运营过程中，一切都是以人为核心，即面向用户、员工和合作伙伴的需求设计流程和服务，利用数字技术并将设计思维应用到企业的各个部门。

---

4 来源：https://www.accenture.com/cn-zh/insight-multi-speed-it.

数字化的“人性”企业

埃森哲认为能源互联网时代，企业是具有“人性”的：有责任、有感情、有热情。企业绩效的衡量标准不应仅是冷冰冰的财务指标，而应更多关注于人的价值和发展。而企业运营也应该更专注于竞争曲线、能力曲线、人才曲线。

“人本式”企业懂得如何调动员工参与的积极性，激励员工适应快速变化进而参与到创新中。他们基于角色而不是基于岗位设计职位，鼓励员工主动地管理职业生涯，培养员工的数字化应用能力，实践企业内部的开放创新模式。

而数字化合作平台、在线工作管理工具将帮助企业重建面向未来的人才管理系统。例如众包、外包、流动性人才（Liquid Workforce）等模式，这些模式汇集了内部和外部的特殊技能人才，为企业提供按需应用的工作模式，帮助企业优化人才结构并转变用工方式。

设计思维运用到管理和产品设计

能源互联网时代，电力企业需要利用新的方法设计产品或服务满足用户需求。“人本式”电力企业将设计思维运用于产品和服务创新并成为一种领导方式。

设计思维是指以人为中心来解决问题、构建机遇并实现创新的设计方法[5]（见图五）。这一方法使企业可以快速试验、设计原型、迭代改进。研究显示，“设计引领”的企业在过去10年间的表现远优于标准普尔500公司（高出219%）。[6]

这一模式可提升用户对服务或解决方案的体验，并且这也是电力企业优化流程以快速适应市场变化的新方式。

新旧能源世界正在产生碰撞、融合。要想在能源互联网时代保持领先，传统电力企业需要以提升用户体验为核心，实现从核心到增长的适时变轨。为此电力企业需要构建传统能力外的新动能以加速战略转型。这些新动能包括从被动的产品提供者向主动的“体验缔造者和引领者”转型的能力，全局观思考资产组合并投资于数字化新生产力的能力、将设计思维渗透到“人本式”运营中的能力。

图五 设计思维模型

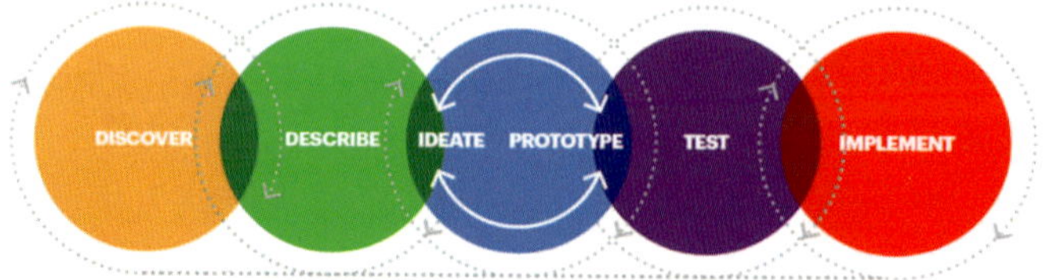

发现
· 用户
· 竞争环境
· 创新环境

定位
· 生态系统中的定位
· 转型方向
· 发展目标
· 发展计划

设计
· 汇总经验想法
· 组建团队
· 设计原型

测试
· 投入市场
· 迭代改进

实施
· 商业应用、规模化带动
· 跟踪，评估、总结
· 获得更强大的能力
· 开放式创新

资料来源：埃森哲分析

5 来源： https://trends.fjordnet.com/trends.
6 来源： “Good Design Drives Shareholder Value,” Design Management Institute, May 2015.

案例：

ENGIE 构建新动能[7]

ENGIE 深信由能源与数字技术领域推动的新型能源革命正在进行之中。为此，ENGIE 将四大战略重点定为数字化、减排、分布式发电和节能。

ENGIE 公司制定了 2016—2018 年三年战略规划。该战略规划将低碳行动、整合的用户解决方案和摆脱大宗商品价格波动的影响作为新的重点发展领域。为实现此战略，公司将投资 380 亿欧元。

•220 亿欧元的资本投资，其中 70 亿用于运维，至少 5000 万用于创新；

•150 亿用于投资组合转型（portfolio rotation program）目标是通过处置资产、调整伙伴关系和关闭一些办事机构，减少大宗商品价格暴跌的影响。

•10 亿运营支出费用节省

ENGIE 实施的主要创新项目

• 客户关系。ENGIE 的数字化战略包括了与客户之间的关系改进。自 2014 年以来，ENGIE 一直在为国内客户开发全面的在线服务，从能源自我管理到信息服务，从在线销售到精准的数字化计费。今年，超过 30% 的客户正在使用 ENGIE 网站来管理自己的账户。

• 能源效率。ENGIE 的 Vertuoz 针对建筑、居民和房地产经理提供服务，帮助用户分析能源账单，并通过使用智能传感器识别降低能源成本的机会。

• 可再生能源。ENGIE 在法国、德国、荷兰、意大利、比利时和波兰已经有 68 个风电场和 14 个太阳能农场。ENGIE 正在致力于构建一个数字平台以优化这些可再生能源发电。该平台很快就能够承载全球所有 ENGIE 集团可再生能源资产的数据，提供预测性维护服务，识别性能不佳的领域，并为现场技术人员提供实时指导。

• 数字化员工。ENGIE 已经在后台运营中采用了机器人流程自动化技术，这一技术帮助该公司创建了一个“可编程”的数字化人才队伍，承担枯燥重复的办公室工作，从而提高了工作质量，速度和效率，同时节省资金。而原岗位的员工则获得了更有价值的职位。

7 来源：https://innovation.engie.com/en

作者简介

邓瓒

埃森哲大中华区资源事业部总裁
常驻北京
doreen.deng@accenture.com

童华

埃森哲研究部门亚太区公用事业研究主管
常驻北京
freda.hua.tong@accenture.com

找准定位——生态系统制胜要略

李广海 | 文

包括通信、媒体与高科技公司在内的各行各业的企业，都渴望在平台革命的大潮中分一杯羹。但最终可能只有10%的平台活下来。所幸，拥有平台并非是寻求增长和盈利的唯一路径。

那些在平台建设上进行持续投资的公司，很可能最终发现：自己所做的只不过是在竞次而已。埃森哲估计，正在激烈角逐的300多个现有平台，[1]可能只有10%的平台能够取得最终胜利。[2]

所幸，拥有平台并不是企业实现增长和盈利的唯一路径。

平台经济的最大价值，归根结底在于企业如何有效利用生态系统，通过平台交付产品、服务和解决方案，而不是所有企业都拼命成为平台所有者。一些极具开拓精神的企业已经在考虑，如何加入和融入到现有生态系统中。

生态系统业务模式广受青睐

一家公司能为客户和自己交付的价值，取决于他们在整个生态系统中扮演的角色。

而想要了解公司在生态系统中的角色，必须要先对传统业务模式正在向生态系统业务模式进行的转变（见图一）有所了解：

• 竞争环境的转变：由基于公司或产品的竞争转变为基于生态系统的竞争。在基于生态系统的竞争中，公司借助云计算、API和数据聚合技术等，创造具备一定规模的数字化平台，为交付端到端解决方案和服务奠定基础。

• 供应商管理模式的转变：由命令——管控模式转向协作模式。企业将和众生态系统伙伴一起，创新和服务研发。

• 所需能力的转变：从关注管理供应商的能力，转向使得生态系统领袖和伙伴可以作为统一团队共同发展、共享资源和创造价值的新能力。

• 企业沟通方式的转变：企业通过数字化的平台互动与合作，数据成为重要资产。

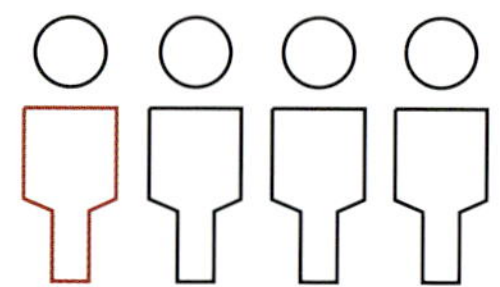

27%的公司高管表示，数字生态系统正在改变着公司交付价值的方式。[3]这个百分比在未来将有增无减。

生态系统业务模式有三个关键元素：

平台生态系统 围绕技术能力、功能、纵向能力或各种能力组合而建立，由占主导地位的平台所有者以及合作伙伴组成，通过合作来提供服务和解决方案。就这点而言，平台生态系统是生态系统模式的“供给侧”，合作伙伴则可以是基础设施或IP供应商、应用开发商或技术组件供应商等。

产品和服务生态系统 围绕强劲的数字平台而建立，创建终端消费者所需的创新型解决方案。这些生态系统可以在生态系统业务模式内刺激需求，特点是占主导地位的平台所有者与各类的平台参与方，包括解决方案/服务伙伴、信息/内容伙伴、交付/销售伙伴等在内，结

1 埃森哲战略，《物联网时代，技术与通信公司应何去何从》，2016。
2 埃森哲，《决胜数字平台的5种方式？》，埃森哲分析，2016年8月。
3 埃森哲技术展望2017。

图一　企业正由传统业务模式向生态系统业务模式转变

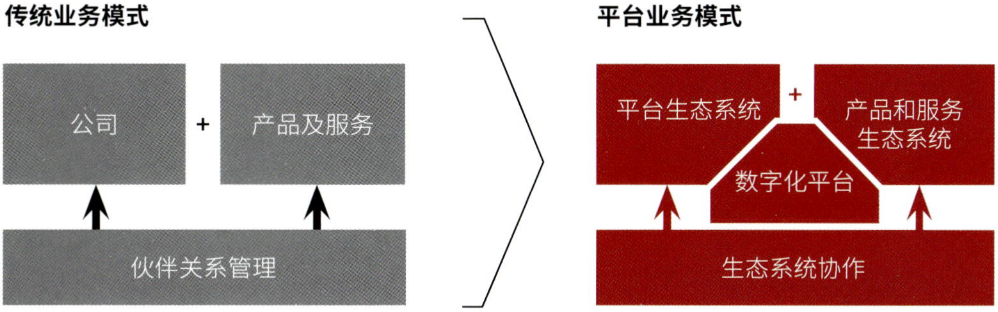

传统业务模式　　　　　　　　　　　　**平台业务模式**

传统业务模式	平台业务模式
公司 + 产品及服务	平台生态系统 + 产品和服务生态系统；数字化平台
伙伴关系管理	生态系统协作

资料来源：埃森哲分析

成紧密的伙伴关系。

生态系统服务　把有共同目标的市场参与方凝聚在一起，加强他们之间的沟通交流，并帮助他们提高交付成果、推行价值主张和交付卓越客户体验的能力。服务可以包括战略规划、解决方案创新、市场及业务开发、冲突解决和销售及交付支持等。

企业既可以参与到现有的生态系统中，也可以努力创建自己的生态系统，但极有可能的是，他们在一些生态系统内成为参与者，与此同时也是其他生态系统的领导者。

虽然长期看来，生态系统的领先企业从中获取更多价值，但其实这两种角色都可以帮助通信、媒体与高科技公司既实现差异化的体验，保持攻势；又避免服务和产品的同质化，更好地保护自己。

角色决定价值

生态系统业务模式潜力巨大，可以产生巨大的价值，对于通信、媒体与高科技公司来说，关键的问题不是要不要转变，而是要转变成什么样的角色。

参与者角色

很多公司会选择在已有的平台上攫取利益，并且在这个较大的团队中提供服务和解决方案，他们通常会提供互补性的产品和服务。

平台生态系统参与成员企业通过帮助平台变得更有弹性和活力，从而创造自己的价值定位。如 Level 3 公司和 Cogent 等公司提供的“中间人网络”被认为是“搬运工”，帮助传媒巨头网飞公司将视频从自己的平台输送到世界远端的其他角落，从而延展了网飞的生态系统。[4]

产品和服务生态系统中合作伙伴的作用又有所不同，他们按照客户期待来开发和交付解决方案。例如，得益于所集结的 38 万应用开发者，苹果的产品和服务生态系统取得了举世瞩目的成绩。2016 年这些开发者在苹果软件商店下载

4 凯德·梅斯，《Netflix 全球推广背后的反直觉技术》，连线杂志，2016 年 1 月 7 日。

业务中赚取了 200 多亿美元，比 2015 年上涨 40%，[5] 相应地，苹果从这部分销售中赚取了 88 亿美元，较上年增长了 49%。[6] 网飞和苹果的例子都说明，在平台生态系统、产品和服务生态系统中，合作伙伴在价值增长和创新方面的优势，是他们的核心差异化点和竞争力。

平台领导者的角色

有些公司希望搭建自己的生态系统，他们也必须要决定好把赌注压在什么业务上，这归根结底还是取决于，他们想成为何种类型的领导者（见图二）。一般来讲，主要有三种领导者，其目标、复杂性及产生的潜在价值也各不相同。[7]

通信、媒体与高科技公司不必局限于单一角色或采用单一的生态系统业务模式，他们可以在多个不同平台担任不同角色。例如谷歌，既是安卓移动生态系统的协调者，同时对其他按需使用谷歌 Cloud Bigtable 数据缩放平台的市场参与方来说，也是平台生态系统的参与方。[8]

向价值迈进

为了实现向平台业务模式的转型，企业需要重新思考价值创造、客户体验乃至行业边界等问题。为此，埃森哲战略有以下三点建议：

找准定位

企业首先要决定在每个生态系统中，自己究竟要成为领导者还是参与者。例如，可以选择作为组件供应商参与到已有

图二　三种生态系统领袖：

整合者	创新者	协调者
整合者创建了一个交易市场，连接供应和需求。	**创新者创建了催生新解决方案开发的平台环境。**	**协调者创建促进非凡客户体验的平台**
他们的平台让客户和供应商可以顺畅地进行价值交换。	这种平台促使并鼓励第三方开发商创造客户想要或需要的服务和解决方案。	确定基准架构，为生态系统的参与方指明方向。
供应商需要为获得进入这一市场的机会而支付费用。	建立并强化监管模式。	通过与合作伙伴协作，共同针对企业痛点，创造并整合一系列服务
成功与否受采购方和销售方的数量以及交易执行的便易程度影响。	持续更新平台架构，使应用开发更简便，也更具成本效益。	确保带来具有差异性的客户体验
例如：易趣网	例如：苹果	例如：飞利浦医疗保健

复杂性和市场差异 →

资料来源：埃森哲分析

5 苹果新闻稿，《App Store 于元旦突破各项纪录》，2017 年 1 月 5 日。
6 查克·琼斯，《苹果 App Store 将创造巨大收入》，2017 年 1 月 6 日。
7 彼得·C·埃文斯、贝拉·加维尔，《平台企业崛起：全球调研》，全球企业中心，2016 年 1 月 14 日。
8 https://cloud.google.com/bigtable/

图三 **成功的两大先决条件——从参与者向领导者过渡，或从一个领导角色向另一个领导角色过渡——需要满足下面两个条件：**

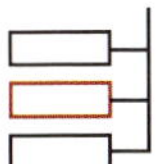

对生态系统的业务模式，以及容易受到竞争对手攻击的基本业务领域有清晰而深刻的理解。

矢志不移的改善组织灵活性。公司和企业必须打造使自己能够灵活地对其他生态系统机会进行测试、做出反应、向其学习以及进行探索的运营模式和文化。

资料来源：埃森哲分析

的互联医疗保健生态系统中去，同时也在一个家庭生态系统中扮演一个创新者。做出此类决定之前，企业需要评估自己能为目标生态系统带来哪些价值。

如果一家公司已经拥有牢固的客户关系和信任度，在成果交付方面也已经享有声誉，这是他们成为协调者的有利条件。对于那些主要以产品体现价值的公司来说，选择成为生态系统的参与者，会给他们带来最大的利益。

一家公司，无论是“拥有”平台生态系统，还是作为参与者进入其他公司的生态系统中，最重要的是要拥有自己的生态系统战略，以及实现战略所需的运营模式和技术能力。

时刻盯住收益

尽管生态系统能为参与者和领导者带来众多机会，但这些机会的价值也存在差异。成为生态系统解决方案的参与者有可能相对容易，通过平台网络效应获得的收益也较为丰厚。

但生态系统的领导者会得到更大的潜在价值，因为他们对生态系统的投入最大，对生态系统伙伴带来的价值所担负的划分和协调责任也最大。但即便在领导者当中，也存在价值差别。与创新者相比，交易市场的整合者不太可能成为有差异性的市场参与方。相应地，与关注成果的集成平台的协调者相比，创新平台的所有者获取市场差异化的机会也相对少一些（见图三）。

公司要尽快、最大限度地挖掘生态系统能为其带来的价值，只有这样做才能在市场上凸显自己的品牌，乃至影响市场走向。那些极具开拓精神的公司已经开始奋力冲刺，力争占据生态系统中更具价值的高地。[9]

纵向解决方案是必行之道

平台所做的不仅仅是使业务伙伴能够以新的方式合作还使建立创新的扩展网络成为可能，从而打造更有相关性的、有价值的客户体验。要在新一轮价值创造和差异性的大潮中取胜，必须能够提供有针对性的、整合的纵向解决方案。

9 埃森哲战略分析，2017。

要想抓住机会，企业必须强化对价值的洞察力，辨识那些具有行业特性的机遇和场景。同时要在极具扩展性、适应性、创新性、高协作性及专家级协调能力的生态系统中，仔细评估机会，选择与正确的合作伙伴结盟。

立于不败之地

在数字世界里，每天都会出现赢家和输家，生态系统领域也不例外。各行各业的先行者已经将关注点从平台转向生态系统，并确定了自己在生态系统中扮演的角色，从而脱颖而出。他们加速创新，拓展业务网络，并能按客户需求提供独一无二且有针对性的解决方案。

相反地，仍然有很多公司并没有认清生态系统业务模式的力量和重要性，这样的公司将很可能被边缘化。因此商界有识之士要赶紧采取行动，时不我待！

作者简介

李广海

埃森哲战略大中华区董事总经理
常驻北京
guanghai.li@accenture.com

埃森哲公司注册成立于爱尔兰，是一家全球领先的专业服务公司，为客户提供战略、咨询、数字、技术和运营服务及解决方案。我们立足商业与技术的前沿，业务涵盖40多个行业，以及企业日常运营部门的各个职能。凭借独特的业内经验与专业技能，以及翘楚全球的交付网络，我们帮助客户提升绩效，并为利益相关方持续创造价值。埃森哲是《财富》全球500强企业之一，目前拥有约42.5万名员工，服务于120多个国家的客户。我们致力驱动创新，从而改善人们工作和生活的方式。

埃森哲在大中华区开展业务30年，拥有一支约1.5万人的员工队伍，分布于北京、上海、大连、成都、广州、深圳、香港和台北。在新常态时代，我们将更创新地参与商业和技术生态圈的建设，帮助中国企业和政府把握数字化力量，通过制定战略、优化流程、集成系统、部署云计算等实现转型，提升全球竞争力，从而立足中国、赢在全球。

详细信息，敬请访问埃森哲公司主页 www.accenture.com 以及埃森哲大中华区主页 www.accenture.cn。

埃森哲在大中华区八个城市设有多家分公司

以下是主要办公室的联系方式：

埃森哲（北京）
北京市朝阳区东三环中路1号
环球金融中心西楼21层
邮编：100020
电话：(8610)5870 5870
传真：(8610)6561 2077

埃森哲（上海）
上海市淮海中路381号
中环广场30层
邮编：200020
电话：(8621)2305 3333
传真：(8621)6386 9922

埃森哲（大连）
大连市软件园东路44号
邮编：116023
电话：(86411)8214 7800
传真：(86411)8476 0488

埃森哲（广州）
广州天河区天河北路898号
信源大厦13层
邮编：510898
电话：(8620)3818 3333
传真：(8620)3818 3399

埃森哲（成都）
成都市高新区拓新东街81号
天府软件园C区7号楼8楼
邮编：610041
电话：(8628)6555 5000
传真：(8628)6555 5288

埃森哲（深圳）
深圳市福田区华富路1018号
中航中心15楼06B-08
邮编：518031
电话：(86755)8864 8700
传真：(86755)8831 5469

埃森哲（香港）
香港鲗鱼涌华兰路18号
太古坊港岛东中心41楼4103-10室
电话：(852)2249 2388
传真：(852)2850 8956

埃森哲（台北）
台北市敦化南路2段207号
远东大厦16层1601-1603单元
电话：(8862)2192 6030
传真：(8862)7711 1299

accenture
埃森哲
战略 | 咨询 | 数字 | 技术 | 运营
畅享数字化“悦”读体验，
即刻扫码下载全新《展望》APP
IOS版、安卓版
《展望》主页
埃森哲卓越绩效期刊
展望
2022
新商界
商业未来畅想曲 P.020
2022 年的制造业 P.048
量子计算：突破 1 和 0 思维 P.056